跨境电子商务综合实训

全国跨境电子商务综合试验区职业教育集团
北京博导前程信息技术股份有限公司　组织编写

段　建　主编
张利海　方美玉　钟　林　副主编

『行业+领先企业』产教融合新形态系列教材

電子工業出版社
Publishing House of Electronics Industry
北京 · BEIJING

内容简介

本书以博星卓越全球贸易通教学实训平台为依托，以项目驱动式为导引，在工作任务的引领下进行了一系列实战技能的练习，包括贸易单证制作、国际站入驻、网站建设、产品发布与产品管理、营销中心、商机和客户管理，以及信用保障服务、物流服务。

本书适合作为应用型本科院校、职业院校电子商务、市场营销、国际贸易和商务英语等相关专业的教材，也可作为电子商务从业人员的参考学习用书。

图书在版编目（CIP）数据

跨境电子商务综合实训 / 段建主编 . — 北京 : 电子工业出版社，2020.5
ISBN 978-7-121-37999-4

Ⅰ . ①跨…　Ⅱ . ①段…　Ⅲ . ①电子商务－高等学校－教材　Ⅳ . ① F713.36

中国版本图书馆 CIP 数据核字 (2019) 第 263855 号

责任编辑：张云怡　　特约编辑：尹杰康
印　　刷：三河市龙林印务有限公司
装　　订：三河市龙林印务有限公司
出版发行：电子工业出版社
　　　　　北京市海淀区万寿路 173 信箱　邮编：100036
开　　本：787×1 092　1/16　印张：10.75　字数：275 千字
版　　次：2020 年 5 月第 1 版
印　　次：2023 年 7 月第 6 次印刷
定　　价：43.00 元

凡所购买电子工业出版社图书有缺损问题，请向购买书店调换。若书店售缺，请与本社发行部联系，联系及邮购电话：（010）88254888，88258888。

质量投诉请发邮件至 zlts@phei.com.cn，盗版侵权举报请发邮件至 dbqq@phei.com.cn。

本书咨询联系方式：（010）88254573，zyy@phei.com.cn。

编写委员会

（按姓氏拼音排序）

吴会杰	西安职业技术学院	经济管理学院院长
夏名首	安徽商贸职业技术学院	经济贸易系主任
夏　莹	无锡城市职业技术学院	贸易金融学院副院长
薛永三	黑龙江农业经济职业学院	信息工程学院院长
杨宏祥	杨凌职业技术学院	经济与贸易分院副院长
姚宏伟	黎明职业大学	商学院院长
周任慧	兰州石化职业技术学院	国际商务学院院长

专家委员会

（按姓氏拼音排序）

主　任：

肖　锋　阿里巴巴外贸综合服务事业部副总裁

副主任：

刘国峰　阿里巴巴集团淘宝大学培训学院副院长

孙志超　北京众智弘诚教育科技有限公司总经理

王春燕　北京教育科学研究院研究员

肖　亮　浙江工商大学现代商贸研究中心主任

游忠明　网易考拉研究院院长

委　员：

方玲玉	长沙民政职业技术学院	商学院院长
费　凡	大连凡越电子商务有限公司	总经理
冯　军	山西君正商务信息咨询有限公司	总经理
高庆怡	杭州央辰雨禾茶业有限公司	总经理
季小红	杭州德力西集团有限公司	国际贸易部经理
李琳娜	海南职业技术学院	校长助理
马茜茜	广州新思路教育科技有限公司	副总经理
孙一玖	北京网聚美裳电子商务有限公司	总经理
王　磊	安徽轩昂教育科技集团	董事长
王　伟	北京聚力创联电子商务有限公司	总经理
王永宝	温州立本集团国际贸易有限公司	总经理
吴洪贵	江苏经贸职业技术学院	贸易与物流学院院长
席　波	武汉职业技术学院	电子商务研究院院长
徐　青	宜兴慕森智能家居有限公司	CEO
尹志翔	杭州益泰翔贸易有限公司	总经理
张根标	杭州信天游实业有限公司	总经理
钟昌标	云南财经大学	商学院院长

审定委员会

（按姓氏拼音排序）

序　言（一）

在经济全球化发展背景下，跨境电子商务正通过理念全球化、技术数字化、主体普惠化、供应链柔性化、品牌全球化等方式对我国贸易进行全面的升级改造。我们高兴地看到，我国对外贸易正从“贸易多元化”向“全球买、全球卖、全球付、全球运”转变；技术手段由部分环节采用信息技术向数字化电子商务平台及全链条使用数字技术转变；贸易主体由传统贸易企业向中小企业、个人转变；贸易方式由传统线下贸易方式向跨境电子商务方式转变；交易特点从“大进大出、低频次”向“小批量、高频次”转变；贸易供应链由非个性化、大批量向个性化、碎片化、满足消费需求的柔性供应链转变；企业贸易优势由原来的拼价格、拼产品向企业开始注重通过构建自身“品牌力”开展全球零售转变。

跨境电子商务正在形成一条“网上丝绸之路”。近年来，跨境电子商务交易规模始终以年均 20.61% 的速度高速增长，远超传统贸易规模的增长速度。2018 年，通过海关跨境电子商务管理平台进出口的零售商品总额为 1347 亿元人民币，相较 2017 年增长了 50%；有进出口实绩的企业由 2017 年的 43.6 万家提升到 47 万家。

同时，我们也应该清醒地看到，跨境电子商务的高速发展也造成了巨大的行业人才缺口。据不完全统计，2017 年我国跨境电子商务领域的人才缺口约为 450 万。《中国电子商务人才状况调查报告》显示，企业在开展跨境电子商务业务过程中遇到的最大问题就是人才方面的问题。目前，跨境电子商务领域新技术、新思维、新商业模式、新职业能力不断产生，跨境电子商务人才属于新兴的复合技术技能型人才，除需要具有网络营销策划与推广、编辑与美工、电子商务数据分析、客户服务管理、网店（站）运营等传统电子商务的技术技能外，还要知晓国际贸易流程、国际商务交往规则，而传统的外贸及外语类人才很难匹配跨境电子商务行业发展的需求。

教育领域需要通过专业设置来加快跨境电子商务新业态发展所需人才的培养。特别是在职业教育领域中，应该依托电子商务专业大类，新增“跨境电子商务”专业来解决人才紧缺问题。同时，应积极引导院校开设跨境电子商务专业课程，布局专业人才培养，以解决跨境电子商务人才短缺的问题。

因此，基于电子商务业务形成的能力体系构建方法、经验和渠道，有助于跨境电子商务职业能力体系构建。同样，一些公司和学校在电子商务教学过程中形成的人才培养理念、路径、模式、方法等，也有助于跨境电子商务专业人才培养体系的构建。最大化地共享、利用教学资源与设施，培养跨境电子商务专业教师团队，可以快速提升职业院校跨境电子商务人才供给，是我国贸易全面升级改造，制造业和服务业转型升级、模式改造的重要途径。

本套教材构成了跨境电子商务专业核心课程的体系，相信在这样的课程体系下，能够帮助更多的院校建设跨境电子商务专业，培养出更多的跨境电子商务专业人才！

序 言（二）

——在第一期全国跨境电子商务专业负责人培训班开班仪式上的致辞

现场和网上收看直播的各位老师，大家上午好!

今天我们举办全国跨境电子商务专业负责人培训班，这是我们共同学习、贯彻《国家职业教育改革实施方案》，推动跨境电子商务人才培养、产教融合的一项具体举措。专业负责人对专业和产业的认识与把握直接关系到专业未来的发展。这次培训的计划名额是 80 人，但实际来了 100 多人，还有很多学校希望能来。为了保证培训质量，我们逐一沟通并安排他们参加第二期培训，希望大家能够理解。借此机会，我想谈以下三点供大家参考。

一、提高对跨境电子商务发展的认识

跨境电子商务不是简单的传统国际贸易互联网化，而是最具新经济特征的跨境贸易新生态。跨境电子商务的全球化、数据化，以及多业态融合、多场景覆盖、多流量共享等特征正是新经济形态和新商业生态的显著特征。跨境电子商务的发展，正在深刻地影响着全球产业发展模式、全球贸易格局和贸易的全球治理。

从 18 世纪 60 年代开始，伴随着国际分工体系的逐步形成，商品交换迅速发展，形成了国际贸易的发展雏形。随着贸易规模的扩大、结构的优化和区域经济一体化的快速发展，国际贸易领域出现了一般贸易、加工贸易、服务贸易和技术贸易等方式。跨境电子商务区别于上述传统国际贸易方式的本质在于消费端导向，也因此在贸易主体、贸易商品、贸易形态、贸易链条、监管原则、交易模式、征信模式、准入模式和风险承担主体上跨境电子商务与传统国际贸易产生了明显的差异，形成了全新的生态。因此，不能把跨境电子商务简单地理解成传统国际贸易的互联网化。

跨境电子商务替代了一部分一般贸易份额，也在商品品类、贸易主体和贸易渠道上对传统贸易形成了补充。跨境电子商务不但不会对传统国际贸易造成冲击，反而会为一般贸易打开更大的市场，探索更多的机会，培育新兴市场主体。更为重要的是，由于跨境电子商务的发展，加速了贸易便利化进程，由此产生的红利同样使得一般贸易受益。跨境电子商务还打破了传统国际贸易的单一渠道，逐步将灰色渠道引导到阳光合法的道路上，优化了国际贸易的市场环境。

二、跨境电子商务人才培养的思考

首先要厘清产业、学科、专业与政府监管的关系。产业创新形成的知识积累沉淀到学科上，学科的纵向发展与横向融合又催生产业创新。产业的业态形成了岗位群，岗位群的知识和技能需求反映到专业上，专业在学科上的溯源与积累有利于技术技能积累与创新。

跨境电子商务是在全球化贸易背景下，由电子商务应用的广度和深度拓展而来的。因此，电子商务专业以专业方向的方式率先开展了人才培养的探索。随着跨境电子商务的深入发展，又会涉及交易、支付、物流、通关、退税、结汇等诸多领域的人才培养创新，人才需求结构也越发明晰。原有由电子商务专业衍生的跨境电子商务专业已不能完全适应跨境电子商务的内涵与发展。

对跨境电商人才培养的思考，不能只局限在电商平台的交易环节，要从整个跨境贸易的链条来思考跨境电商人才结构。综合分析产业业态、岗位群和典型职业活动，原有电子商务专业的跨境电子商务方向已具备独立设置成跨境电子商务专业的条件和基础。同时，跨境电子商务的发展急需国际贸易类专业新增跨境贸易商务谈判、跨境贸易市场采购等专业或培养方向；急需报关类专业新增跨境贸易关务等专业或培养方向；急需物流类专业新增跨境贸易供应链管理、跨境贸易物流等专业或培养方向。只有这样才能逐步形成一个较为完善和能够支撑产业发展的跨境电子商务人才培养体系。因此，跨境电子商务人才培养需要国际贸易、报关、物流、电子商务等专业共同行动。

在跨境电子商务交易中，贸易流程将由平台引导完成，交易地贸易规则的变化也会在第一时间由平台予以呈现，从而降低了国际贸易的门槛。这就使得贸易主体从烦琐的国际贸易流程与规则中解脱出来，这也是跨境电子商务能够培育出众多中小企业国际贸易主体的原因所在。与此同时，随着“两平台六体系”的建设成熟，贸易主体还将从烦琐的关务流程中解脱出来，极大地节约了成本，提高了效率。因此，跨境电子商务从业者和传统国际贸易从业者在知识与技能结构上存在着本质的差别。我们组织编写的《跨境电子商务人才培养指南》中有比较完整的介绍。

三、全国电商行指委下一步工作考虑

（一）打造专业发展平台、创新平台和智库平台

专业发展平台就是指全国跨境电子商务综合试验区职业教育集团，其中工作任务是重点支撑专业布点、专业建设、师资队伍培养，参与教学资源建设。创新平台是指苏州经贸职业技术学院建设的跨境电子商务应用研究与人才培养协同创新中心，这个平台的工作任务是重点支撑产教融合，技术技能积累与创新，科学研究和教学研究，参与教学资源建设。智库平台就是指数字经济与跨境电商综试区发展大会，这个平台的工作是重点支撑政产学研合作、政校合作、校企合作，以及支持前面两个平台的成果展示，以此带动学校深度参与地方经济发展。

（二）遴选一批全国跨境电子商务教学改革实验院校

计划遴选“10+1”所全国跨境电子商务教学改革实验院校，这个名称是暂定的，最终的名字由大家协商决定，要本着朴素有内涵的原则。“10+1”中的“1”就是杭州职业技术学院，杭州职业技术学院不用申请，也不占10所的名额，因为它在职教集团建设中做出了突出贡献。我们将为这“10+1”所实验院校组织力量，共同优化人才培养方案，开展联合教研，立项重点教学改革项目，共建实训基地，集中宣传教学改革成果，并为这些院校的专业负责人和骨干教师搭建各种发展平台，将他们培养成跨境电子商务领域的领军人物。

（三）继续推动共建“行业＋领先企业”产教融合生态

通过“行业＋领先企业”产教融合生态建设，整合领先企业资源，撬动政府资源。我们将重点支持全国跨境电子商务综合试验区职业教育集团成员院校与所在地综合试验区建立深度合作，帮助各院校更多地获得当地政府的支持与资源。

在推动农村电子商务人才培养过程中，全国电商行指委和供销行指委开展了良

好和务实的深度合作。在推动跨境电子商务人才培养的新征程上，我们愿意积极和主动地与国际贸易、报关、物流等领域的行指委开展交流与合作，在教育部统筹下，共同为建立和完善跨境电子商务人才培养体系做出贡献！

谢谢大家！

全国电子商务职业教育教学指导委员会副主任

序 言（三）

记得20世纪90年代初，在深圳安装一部固定电话的官方价格是6 000元人民币，还要排队，黑市价要10 000元人民币！背后的原因是进口的模拟程控交换机价格昂贵，即使售高价也无法满足市场需求。然而，这种状况不久就被改变了，一群完全不懂模拟交换技术的中国年轻人率先利用计算机技术发明了数字程控交换机——HJD04，以“巨大中华”[①]等为代表的中国通信企业打破了我国局用程控交换机被进口设备垄断的局面，并最终成为全球数字通信市场的主导者。

当一项重大工业革命性技术发明时，嵌入市场需求场景，就可能引起同行业及商业形态发生颠覆式变革。或者说，将是社会及商业创新发展的重要窗口期和机遇。

以上数字通信产品的诞生过程，就是离我们最近的案例之一。

蒸汽机、电力、计算机及互联网被公认为是近代四大重要工业革命性技术发明。我们正处于以互联网、大数据、人工智能为代表的第四代工业革命的窗口期，未来还会有哪些重大商业变革的机遇呢？

今天，互联网/IT技术（含移动网络）在商业服务领域中的应用——电子商务的迅猛发展，已明显改变了传统商业零售业和生活服务业的形态，跨境电商（零售）逐渐成为新热点。

然而，直至今天，互联网在传统国际贸易中的应用（跨境贸易或数字贸易），并未发生重大实质性改变。这已成为全球贸易发展的短板，也是创新变革的机遇！

众所周知，自1978年中国改革开放以来，中国制造业产值已超过美、日、德三国的总和，成为名副其实的“世界工厂”，并且成为全球外贸出口第一，进口第二，同时也是外贸企业特别是中小企业最多的国家，这种独特的外贸市场环境（场景）结合互联网技术的发展，导致我国在近20年中涌现出了大批与传统国际贸易模式截然不同的外贸服务新业态。

跨境电商营销平台（在线交易撮合类）、跨境电商交付平台（外贸综合服务企业[②]）及基于交易大数据的履约保障体系等数字贸易服务平台正在改变传统国际贸易

① “巨大中华”指20世纪90年代中国通信行业的四大代表性企业：巨龙、大唐、中兴、华为。

② “外贸综合服务企业”指以阿里巴巴一达通为代表的，基于互联网的中小企业进出口业务流程外包服务平台。

的交易方式、服务规则、信用体系，同时也推动贸易监管制度的改革，其目标是降低跨境交易门槛，促进中小企业及欠发达地区的发展，改变全球价值链，符合全球普惠贸易发展的大趋势。

"'行业＋领先企业'产教融合新形态系列教材"正是在这个大背景下推出的，教材系统地总结、整理了国内外知名跨境电子商务平台的运营经验、理论依据、规则标准等内容，适合各类电商专业院校、数字贸易学院作为教学材料。

数字贸易是数字经济时代的重要组成部分，大数据的应用将类比传统经济中的水、电、煤，成为经济发展的基本要素，而培育适应数字经济时代发展的人才，已成为把握未来的关键，相信我国在数字经济时代的教育实践与探索，能够成为全球数字贸易人才培育的标杆。

2019年6月 深圳

前 言

本书以博星卓越全球贸易通教学实训平台为依托，以阿里巴巴国际站运营技能进阶过程为指导进行内容安排，采用项目驱动式思路编写，涉及阿里巴巴国际站运营过程中各领域的知识学习和技能培养，符合学生认知和技能学习规律。

项目一中详细介绍了跨境贸易中涉及的各项贸易单证的制作方法与技巧，主要涵盖销售合同、PI 表单、报价表、报关单的填写练习及清关流程的介绍，帮助初学者对整个跨境贸易流程建立清晰的认知。项目二中对国际贸易的交易流程及阿里国际站的入驻流程进行了全方位的讲解，包括卖家账号注册、信息认证、账户信息管理及出口通服务开通等一系列操作，使初学者能够以卖家身份独立完成国际站商铺的开通。项目三中全面展示了阿里国际站网站建设的完整流程，包括账户信息设置、公司信息管理、旺铺页面结构布局、旺铺模块装修设置及域名绑定等，使读者能够独立进行账户信息设置和店铺管理，最终完成网站搭建。项目四对阿里国际站产品发布与产品管理的流程进行全方位的讲解，包括产品基本信息填写、产品详细信息填写、产品交易信息设置、产品分组与排序等操作，使得读者能够独立完成旺铺产品的发布与管理。项目五中围绕网店营销开展了橱窗订单管理、橱窗产品管理、店铺自主营销、国际站平台活动等一系列工作，帮助读者深入了解平台的营销方式，掌握营销推广的方法与技巧，使读者最终能够独立完成网店的营销推广工作。项目六围绕阿里国际站“商机 & 客户中心”板块进行全方位的展示，包括发布和获取采购需求、询盘回复和管理等操作，使读者能够在运营过程中更好地把握商机，最终达成交易。项目七中围绕信用保障订单展开学习内容，学习过程中，读者可以分别以卖家和买家的身份进行信用保障订单的起草、付款及发货等工作任务的学习，并可在订单结束之后，合理处理可能出现的贸易纠纷，从而保障交易的顺利完成。项目八对国际物流相关知识进行深入讲解，主要包括信用保障交易过程中物流板块的操作练习，让初学者在起草物流订单之后，能够根据买家的不同需求选择正确的发货方式，最终促进交易的顺利完成。

本书适合作为应用型本科院校、职业院校电子商务、市场营销、国际贸易和商务英语等相关专业的教材，也可以作为电子商务相关从业人员参考学习用书。

本书由全国跨境电子商务综合试验区职业教育集团和北京博导前程信息技术股份有限公司组织编写；由段建（北京博导前程信息技术股份有限公司）担任主编，由张利海（南京商业学校）、方美玉（浙江外国语学院）、钟林（成都职业技术学院）担任副主编。

由于编者水平有限，书中难免存在不足之处，欢迎广大读者批评指正。

目 录

项目一

贸易单证制作

在进行跨境交易的过程中，无论是出口还是进口，在双方磋商达成交易及最终完成交易的过程中需要完成多项单证、条约的制作、签订、填写、提交等工作。这些单证、条约不仅包含报价单、合同、PI表单，还包括与海关报关、清关相关的单证。

【学习目标】

知识目标

1. 了解外贸合同的形式；
2. 了解外贸合同的组成部分；
3. 了解 PI 表单的组成要素及填写要点；
4. 熟悉报价单的构成部分；
5. 熟悉报关单的填写要点。

能力目标

1. 掌握外贸销售合同的编写流程；
2. 掌握 PI 表单的制作流程；
3. 学会报价单、报关单的制作方法；
4. 掌握清关流程及相关单证的用途。

【项目概述】

在跨境贸易中熟练地掌握各种单证的制作技巧与方法，清晰地了解各项单证的使用方法及用途，不仅可以节省很多时间，而且还能提升整个交易的效率，给客户留下良好的印象。那么，在跨境贸易中都需要制作哪些表单，在报关和清关过程中又需要填写和提交哪些单证呢？这一系列问题将在本项目中得到系统学习和训练。

【项目分解】

该项目将对跨境贸易中合同中的销售合同、PI 表单、报价单、报关单及清关时所需单证的组成、填写要点、注意事项等内容进行练习，让初学者对跨境贸易整个流程建立认知。

任务一　外贸合同签订

一、销售合同

（一）外贸合同的形式

合同的形式是指交易双方达成共识的外在表现形式。在国际贸易中，交易双方订立合同有下列几种形式。

1. 书面形式

书面形式包括合同书、信件及数据电文（如电报、电传、传真、电子数据交换和电子邮件）等可以有形地表现所载内容的形式。采用书面形式订立的合同，既可以作为合同成立的证据，也可以作为履行合同的依据，还有利于加强合同当事人的责任心，使其依约行事，如果履约中发生纠纷，可便于举证和分清责任，故书面合同成为合同的一种主要形式。鉴于采用书面形式订立合同有很多好处，故有些国家的法律或行政法规甚至明文规定：合同必须采用书面形式。

2. 口头形式

采用口头形式订立的合同又称口头合同或对话合同，即当事人之间通过当面谈判或通过电话方式达成协议而订立的合同。采用口头形式订立合同有利于节省时间、简便行事，对加速成交起着重要作用。但是，因无文字依据，空口无凭，一旦发生争议，往往举证困难、不易分清责任。这是有些国家的法律、行政法规强调必须采取书面合同最主要的原因。

3. 其他形式

其他形式是指上述两种形式之外的订立合同的形式，即以行为方式表示接受而订立的合同。例如，根据当事人之间长期交往中形成的习惯做法，或者发盘人在发盘中已经表明受盘人无须发出接受通知，可直接以行为做出接受而订立的合同，均属此种形式。

上述订立合同的三种形式，从总体上来看，都是合同的法定形式，因而均具有相同的法律效力，当事人可根据需要，酌情做出选择。根据我国《合同法》第 10 条规定：“当事人订立合同，有书面形式、口头形式和其他形式。法律、行政法规规定采用书面形式的，应当采用书面形式。当事人约定采用书面形式的，应当采用书面形式。”由此可见，当事人签订合同时，究竟采用什么形式，应根据有关法律、行政法规的规定和当事人双方的意愿行事。

根据国际贸易的一般习惯做法，交易双方通过口头或书面形式达成协议后，多数情况下还签订一定格式的书面合同，以利合同的履行。关于书面合同的名称，并无统一规定，其格式的繁简也不一致。在我国进出口贸易实践中，书面合同的形式包括合同（Contract）、确认书（Confirmation）和协议书（Agreement）等。其中，以采用“合同”和“确认书”两种形式的居多。从法律效力来看，这两种形式的书面合同没有区别，所不同的只是格式和内容的繁简有所差异，合同又可分为销售合同（Sales Contract）和购买合同（Purchase Contract）。前者是指卖方草拟的合同；后者是指买方草拟的合同。确认书是合同的简化形式，它又分为销售确认书（Sales Confirmation）和购买确认书（Purchase Confirmation），前者是卖方出具的。在我国对外贸易业务中，合同或确认书通常一式两份，由双方合法代表分别签字后各执一份，作为合同订立的证据和履行合同的依据。

（二）外贸合同的基本内容

无论书面合同采取何种格式，其基本内容通常包括约首、约尾和基本条款三个组成部分。

1. 约首部分

约首部分一般包括合同名称、合同编号、缔约双方名称和地址、电报挂号、电传号码等项内容。约首样例如表 1-1 所示。

表 1-1 约首样例

编号： No.:		日期： Date:		签约地点： Signed at:	
卖方： Sellers:					
地址： Address:					
邮政编码： Postal Code:		电话： Tel:		传真： Fax:	
买方： Buyers:					
地址： Address					
邮政编码： Postal Code:		电话： Tel:		传真： Fax:	

2. 基本条款

基本条款是合同的主体，包括品名、品质规格、数量或重量、包装、价格、交货条件、运输、保险、支付、检验、索赔、不可抗力和仲裁等项内容。商定合同主要是对这些基本条款如何规定进行磋商，以达成一致意见。基本条款样例如表 1-2 所示。

表 1-2　基本条款样例

买卖双方同意按下列条款由卖方出售，买方购进下列货物： The seller agrees to sell and the buyer agrees to buy the undermentioned goods on the terms and conditions stated below. 1. 货号 Article No.: 2. 品名及规格 Description & Specification: 3. 数量 Quantity: 4. 单价 Unit Price: 5. 总值: 数量及总值均有 ____% 的增减，由卖方决定。 Total Amount: With ____% more or less both in amount and quantity allowed at the sellers option. 6. 生产国和制造厂家 Country of Origin and Manufacturer: 7. 包装 Packing: 8. 唛头 Shipping Marks: 9. 装运期限 Time of Shipment: 10. 装运口岸 Port of Loading: 11. 目的口岸 Port of Destination: 12. 保险: 由卖方按发票全额 110% 投保至 ____ 为止的 ____ 险。 Insurance: To be effected by buyers for 110% of full invoice value covering ____ up to ____only. 13. 付款条件: 买方须于 ____ 年 ____ 月 ____ 日将保兑的，不可撤销的，可转让可分割的即期信用证开到卖方。信用证议付有效期延至上列装运期后 15 天在中国到期，该信用证中必须注明允许分运及转运。 Payment: By confirmed, irrevocable, transferable and divisible L/C to be available by sight draft to reach the sellers before _____/_____/_____and to remain valid for negotiation in China until 15 days after the aforesaid time of shipment. The L/C must specify that transshipment and partial shipments are allowed. 14. 单据 Documents: 15. 装运条件 Terms of Shipment: 16. 品质与数量、重量的异义与索赔 Quality/Quantity Discrepancy and Claim: 17. 人力不可抗拒因素: 由于水灾、火灾、地震、干旱、战争或协议一方无法预见、控制、避免和克服的其他事件导致不能或暂时不能全部或部分履行本协议，该方不负责任。但是，受不可抗力事件影响的一方须尽快将发生的事件通知另一方，并在不可抗力事件发生 15 天内将有关机构出具的不可抗力事件的证明寄交对方。

（续表）

Force Majeure: Either party shall not be held responsible for failure or delay to perform all or any part of this agreement due to flood, fire, earthquake, draught, war or any other events which could not be predicted, controlled, avoided or overcome by the relative party. However, the party affected by the event of Force Majeure shall inform the other party of its occurrence in writing as soon as possible and thereafter send a certificate of the event issued by the relevant authorities to the other party within 15 days after its occurrence. 18. 仲裁: 在履行协议过程中，如产生争议，双方应友好协商解决。若通过友好协商未能达成协议，则提交中国国际贸易促进委员会对外贸易仲裁委员会，根据该会仲裁程序暂行规定进行仲裁。该委员会决定是终局的，对双方均有约束力。仲裁费用，除另有规定外，由败诉一方负担。 Arbitration: All disputes arising from the execution of this agreement shall be settled through friendly consultations. In case no settlement can be reached, the case in dispute shall then be submitted to the Foreign Trade Arbitration Commission of the China Council for the Promotion of International Trade for Arbitration in accordance with its Provisional Rules of Procedure. The decision made by this commission shall be regarded as final and binding upon both parties. Arbitration fees shall be borne by the losing party, unless otherwise awarded. 19. 备注 Remark:

3. 约尾部分

约尾部分一般包括订约日期、订约地点和双方当事人签字等项内容。约尾样例如表 1-3 所示。

表 1-3　约尾样例

卖方 Sellers:	买方 Buyers:
签字 Signature:	签字 Signature:
日期 Date:	日期 Date:

为了提高履约率，在规定合同内容时应考虑周全，力求使合同中的条款明确、具体、严密和相互衔接，且与磋商的内容一致，以利合同的履行。

二、PI 表单

Proforma Invoice 简称 PI，代指外贸的形式发票、估价发票或备考货单等，俗称 PI 表单。

PI 表单也是某些国家提供给买方作为申请进口许可证或申请外汇额度的证件，可以作为买方向银行申请向卖方支付货款、开立信用证等的依据，开立 PI 表单可以保证买卖双方的利益。形式发票不是一种正式发票，不能用于托收和议付，它所列的单价等，也仅是进口商根据当时情况所做的估计，对双方都无最终的约束力，所以说形式发票只是一种估价单，正式成交发货后还要另外重新缮制商业发票。PI 表单样例如图 1-1 所示。

Ninghai Weilong Sports & Sanitarian Co., Ltd.

TEL: +86-574-65209922　　FAX:+86-574-65208989

Email: weilong@nhxd168.com　Contact person:Justin Chu

Proforma Invoice

Sold To: C.ART LTD.　　　Date: 2018. 12. 23

ADD: Shenzhen　　　PI No.: WL-20191223

CONTACT: Constance　　　Shipment terms: Express

TEL: 0755-2519××××

MARKS AND NO.	Item#	SAMPLE DESCRIPTION	Qty (Pcs)	AMOUNT RMB
TO ORDER	T-168	138342 BACK BELT	1	¥300
	ST-92	138350 WAIST SUPPORT	1	
	ST-94	138352 ELBOW SUPPORT	1	
	T-163	138353 WRIST SUPPORT	1	
	T-171	138343 MAGNETIC POSTURE SUPPORT	1	
	T-008C	138345 SHOULDER SUPPORT	1	
	T-114	135288 SLIMMING BELT	1	
	ST-90	138349 KNEE SUPPORT	1	
	ST-93	138351 ANKLE SUPPORT	1	
Total				

REMARKS:

Total amount: SAY TOTAL 300RMB ONLY.

户名：胡伟飞

账号：622848031003374××××

开户行：农行西店分理处

图 1-1　PI 表单样例

（一）PI 表单组成要素

PI 表单核心要表述清楚以下几项内容：

（1）货物品名；

（2）数量；

（3）成交价格方式，如 FOB、 CFR、CIF 等，涉及费用及风险分担；

（4）装运期；

（5）运输方式；

（6）付款方式；

（7）详细的银行资料。

（二）PI 表单制作流程

（1）PI 表单的抬头：需要包含本公司的英文名、地址、电话、传真、邮箱等信息。PI 表单抬头样如图 1-2 所示。

佳佳文具有限公司
JIAJIA STATIONERY CO., LTD.
GAOXIN TOWN, DONGGUANG OF GUANGDONG PROVINCE CHINA
Tel: +86 597 888888 Fax: +86 597 666666

图 1-2 PI 表单抬头样例

（2）客户信息：分布在抬头下面，包括客户的公司名、地址、电话和联系人，以及合同号和日期，通常客户信息放左边，合同号和日期放右边。PI 表单客户信息样如图 1-3 所示。

佳佳文具有限公司
JIAJIA STATIONERY CO., LTD.
GAOXIN TOWN, DONGGUANG OF GUANGDONG PROVINCE CHINA
Tel: +86 597 888888 Fax: +86 597 666666

TO: BABY FRERES S.A.R.L
P.O.BOX 111 Jounieh Lebanon
Tel: +961 9 261 000-888888 Fax: +961 9 666666
Attn: Mr Dear

No: BHC20160610
Date: June 15th 2016

图 1-3 PI 表单客户信息样例

（3）表单正文：即 PI 表单商品信息部分，根据产品的特性，增减需要的内容，但客户型号、产品描述、数量、单价、总价，这些是重要内容。PI 表单商品信息部分样例如图 1-4 所示。

Item#	Ref.Pic	Description	Product size	Colour	Unit Price（USS）FOR	Qty（PCS）	Amount（CSS）	Remark
Total								

图 1-4 PI 表单商品信息部分样例

（4）内容汇总：即 PI 表单表尾部分，包括增加交货期、付款方式、银行信息等内容。PI 表单表尾部分样例如图 1-5 所示。

TOTAL:	29160	248.0	20.447	$ 8,967.07
		30% deposit:		$ 2,690.12

SAY TOTAL US DOLLARS TWELVE THOUSAND ONE HUNDRED AND TWENTY, SIXTY SEVEN CENTS ONLY

1. Payment Terms:	T/T : 30% deposit, balance payment against BL copy
2. Shipment Terms:	within 55 days after both receipt of deposit and confirmation of the mass production
3. Port of loading:	Xiamen, China
4. Port of discharging:	Lebanon
5. Bank info.:	

图 1-5 PI 表单表尾部分样例

任务二 表单制作

一、报价表

报价表是商业行为文件，作为供应商给客户的报价载体，经常被用于回复客户询盘。作为价格来往的媒介，它已经远远超越其字面的意义，间接关系客户对公司专业度的印象。

报价表主要包括表头、产品基本资料、产品技术参数、价格条款、数量条款、支付条款、质量条款、交货期条款、品牌条款、原产地条款、报价表附注的其他资料等。不同的行业、公司、产品，报价表的具体内容也不尽相同。由于报价表具有针对性、完整性和美观性，涉及的内容和注意的事项比较多，所以一定要专业。

（一）报价表的头部

报价表的头部主要包含三个部分：卖家基本资料、买家基本资料与报价表抬头。

1. 卖家基本资料

卖家资料一般需要写明工厂标志（Factory Logo）、公司名称（Company）、详细地址（Detailed Address）、邮政编码（Post Code）、联系人名（Contact）、职位名称（Job Title）、电话号码（Telephone No.）、传真号码（Fax No.）、手机号码（Mobile No.）、邮箱地址（E-mail Address）、聊天方式（Messenger Online）等信息。

2. 买家基本资料

买家信息基本与卖家信息涵盖内容一致。

3. 报价表抬头

报价表的抬头包括报价表标题（Quotation/Quotation Form/Price List）、参考编号（Reference No.）、报价日期（Date）、有效日期（Valid Date）。其中，有效日期有时也可以放置在报价表的尾部。报价表抬头样例如表 1-4 所示。

表 1-4　报价表抬头样例

Standard Quotation Sheet			
Our Ref: 2019-UK24 (Vapor)			
Date : Dec.10, 2019			
Supplier	Bluesky Co.,Ltd	Contact & info.	Elaine Wong Tel:0086-5**-2*****28 Fax:0086-5**-2*****29 E-mail: Elaine@Bluesky .com
Customer	Vapor Air conditioning	Contact & info.	Justin Eden, Tel:+44(0)1282****08 Fax:+44(0)1282****06 E-mail:Justineden@vaporac.com

（二）产品报价

产品报价部分的内容包括产品基本信息及所对应的阶梯报价或 FOB 价格。

不同的商品类型所包含的产品信息不尽相同。通常，产品基本信息包括产品名称、图片、型号、技术参数、尺寸、材质等。如果某个产品有多个品牌，在填写产品名称时最好加上相应的品牌名，品牌与产品名一起出现，可使买家清楚地掌握关键的信息——这个报价表针对什么产品，这个产品来自什么品牌。产品基本信息与报价样例如图 1-6 所示。

Model No.	Photo	Technical Specification	Meas.(mm)	Packaging	Weight	20'/40'HQ PCS	Approval /Cerficate	Unit Price: FOB Shanghai	Unit Price: CNF Southampton	Quantity	Total Amount FOB Shanghai	Total Amount CNF Southampton
ET26		Power source 220~240V/1PH Cooling capacity 9000BTU Rated power input 900W Rated power current 4.3A Control type REMOTE Timer 12hours Refrigerant R22/R407C Thermostat 16～35℃	Product size 380x330x730; Carton size 460x460x780	Sea-worthy or as required	Net: 30kg; Gross: 33kg	20' feet, 112pcs; 40'HQ, 300pcs	CE/RoHS	USD153.00	USD168.00			
ET32		Power source 220~240V/1PH Cooling capacity 12000BTU Rated power input 1200W Rated power current 5.6A Control type REMOTE Timer 12hours Refrigerant R22/R407C Thermostat 16～35℃	Product size 500x415x858; Carton size 550x460x995	Sea-worthy or as required	Net: 37kg; Gross: 41g		CE/RoHS	USD173.00	USD191.00			

图 1-6　产品基本信息与报价样例

（三）报价表尾部

介绍完产品相关信息后需要在报价表尾部注明产品的交货时间、付款方式、产品售后政策、最少起订量、报价有效期限等信息。报价表尾部样例如图 1-7 所示。

Delivery	45days upon receipt of 30% deposit; or upon receipt of relevant L/C
Payment	30% deposit, 70% by T/T against B/L copy; or by L/C
MOQ	currently no limit
After-sale service	1～2% spare parts
Quality Gurantee	6 months from delivery date
Validity	by Jan. 25, 2020

图 1-7 报价表尾部样例

二、报关单

在进出口货物的过程中，货物的收发货人或代理人需要按照海关规定的格式对进出口货物的实际情况做出书面申明，以此要求海关对其货物按适用的海关制度办理通关手续，该书面申明的法律文书称为报关单。

（一）报关单分类

（1）按进出口状态分类，可分为出口货物报关单与进口货物报关单。出口货物报关单样例如图 1-8 所示。

中华人民共和国海关出口货物报关单

预录入编号：　　海关编号：　　页码/页数：2/1

境内发货人	出境关别		出口日期		申报日期	备案号	
境外收货人 Kanagalingam	运输方式		运输工具名称及航次号		提运单号		
生产销售单位	监管方式 0110		征免性质 101 一般征税		许可证		
合同协议号 XDY20180822001	贸易国(地区) 瑞士		运抵国(地区) 瑞士		指运港	离境口岸	
包装种类	件数	毛重(千克)	净重(千克)	成交方式	运费	保费	杂费

随附单证

随附单证1：　　随附单证2：合同；发票；装箱单

标记唛码及备注

项号	商品编号	商品名称及规格型号	数量及单位	单价/总价/币制	原产国(地区)	最终目的国(地区)	境内货源地	征免
1			2台	31.0000 62.0000 美元	中国 (142)			照章征税 (1)
2				0.0000 美元	中国 (142)			照章征税 (1)
3				0.0000 美元	中国 (142)			照章征税 (1)
4				0.0000 美元	中国 (142)			照章征税 (1)
5				0.0000 美元	中国 (142)			照章征税 (1)
6				0.0000 美元	中国 (142)			照章征税 (1)

特殊关系确认：　　价格影响确认：　　支付特许权使用费确认：　　自报自缴：

报关人员	报关人员证号	电话	兹申明对以上内容承担如实申报、依法纳税责任	海关批注及签章
申报单位			申报单位(签章)	

图 1-8 出口货物报关单样例

（2）按使用性质分类，可分为进料加工进出口货物报关单（粉红色）、来料加工及补偿贸易进出口货物报关单（浅绿色）、外商投资企业进出口货物报关单（浅蓝色）、一般贸易及其他贸易进出口货物报关单（白色）、需要国内退税的出口贸易报关单（浅黄色）。

（3）按表现形式分类，可分为纸质报关单、电子数据报关单。

（4）按用途分类，可分为报关单录入凭单、预录入报关单、电子数据报关单、报关单证明联。

（二）报关单填写规范

报关单分类虽然多种多样，但填写规范基本一致。报关单共有 49 个项目，下面对其中几个重点项目的填写进行介绍。

1. 备案号填写要求

（1）加工贸易合同中的货物，除少量低价值辅料按规定不使用《登记手册》外，必须在报关单“备案号”栏目中填报《登记手册》的 12 位编码。凡涉及减免税备案审批的报关单，该栏目填报《征免税证明》编号，不得为空。

（2）无备案审批文件的报关单，该栏目免予填报。

（3）备案号长度为 12 位，其中第 1 位是标记代码。备案号的标记代码必须与“贸易方式”及“征免性质”栏目相协调。

（4）一份报关单只允许填报一个备案号。

2. 征免

（1）征免指海关对进出口货物实施征、减、免税管理。

（2）征免比例仅用于“非对口合同进料加工”贸易方式下（代码“0715”）进口料、件的进口报关单，填报海关规定的实际应征税比率，如 5% 填报“5”，15% 填报“15”。

（3）出口报关单应填报结汇方式，即出口货物的发货人或其代理人收结外汇的方式。该栏目应按海关规定的《结汇方式代码表》选择填报相应的结汇方式名称或代码。

（4）一份报关单只允许填报一种征免性质。

3. 商品编号

（1）商品编号是指按照海关规定的商品分类编码规则确定的进出口货物的商品

编号。

（2）加工贸易《登记手册》中商品编号与实际商品编号不符的，应按实际商品编号填报。

4. 商品名称和规格型号

（1）据实填报：商品名称及规格型号应据实填报，并与所提供的商业发票相符。

（2）规范详细：商品名称应当规范，规格型号应当足够详细，以能满足海关归类、审价，以及监管的要求为准。禁止、限制进出口实施特殊管制的商品，其名称必须与交验的批准证件上的商品名称相符。

（3）与备案登记一致：加工贸易等已备案的货物，该栏目录入的内容必须与备案登记中同项号下货物的名称与规格型号一致。

5. 数量及单位

（1）进出口货物必须按照海关法定计量单位填报。法定第一计量单位及数量，打印在该栏目第一行。

（2）凡海关列明第二计量单位的，必须报明该商品第二计量单位及数量，打印在该栏目第二行，无第二计量单位的，该栏目第二行为空。

（3）成交计量单位与海关法定计量单位不一致时，还需要填报成交计量单位及数量，打印在商品名称、规格型号栏下方（第三行）。成交计量单位与海关法定计量单位一致时，该栏目第三行为空。

6. 单价、总价和币制

（1）单价。

① 同一项号下进出口货物实际成交的商品单位价格。

② 无实际成交价格的，该栏目填报货值。

（2）总价。

① 填报同一项号下进出口货物实际成交的商品总价。

② 无实际成交价格的，该栏目填报货值。

（3）币制。

① 币制是指进出口货物实际成交价格的币种。

② 根据实际成交情况，按照海关规定的《货币代码表》选择填报相应的货币名

称或代码，如《货币代码表》中无实际成交币种，则需要转换后填报。

（三）报关单填写注意事项

（1）报关企业和报关员必须真实、准确地填写报关单，不能虚报。

（2）不同贸易方式的货物应填写相应的报关单。

（3）不同合同的出口货物，不准填写在同一份报关单上。

（4）报关单应做到与合同、发票和装箱单等内容相同。

（5）同一份报关单上的不同商品不得超过 5 项。

三、清关单证

清关（Customs Clearance）即结关，是指进口货物、出口货物和转运货物进入或出口一国海关关境或国境必须向海关申报，办理海关规定的各项手续，履行各项法规规定的义务。

同样，载运进出口货物的各种运输工具进出境或转运，也均需要向海关申报，并办理海关手续，以得到海关的许可。清关流程如图 1-9 所示。

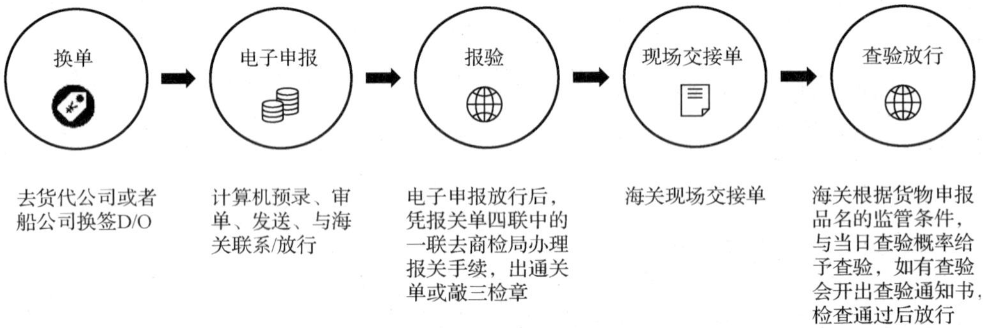
换单
电子申报
报验
现场交接单
查验放行
去货代公司或者船公司换签D/O
计算机预录、审单、发送、与海关联系/放行
电子申报放行后，凭报关单四联中的一联去商检局办理报关手续，出通关单或敲三检章
海关现场交接单
海关根据货物申报品名的监管条件，与当日查验概率给予查验，如有查验会开出查验通知书，检查通过后放行

图 1-9　清关流程

在清关过程中一般会涉及提单、装箱单、商业发票、产地证等。

（一）提单

提单即提货单，是一种货物所有权的凭证，也是托运人与承运人之间的运输契约证明。供货方将货品交给货运公司后，货运公司会将提单给供货方，货物到达目的地后，购买方凭提单才能提货。

货物收据：对于将货物交给承运人运输的托运人，提单具有货物收据的功能。

物权凭证：提单的合法持有人有权在目的港以提单相交换来提取货物。

证明文件：提单上印就的条款规定了承运人与托运人之间的权利、义务，而且提单也是法律承认的处理有关货物运输的依据，因而常被人们认为提单本身就是运输合同。提单正面样例如图 1-10 所示，提单背面样例如图 1-11 所示。

1. Shipper Insert Name, Address and Phone
Shangdong Imp / Exp Corp
62, Jiangxi Rd, Qingdao, China
（信用证下一般为受益人 即出口商）

B/L No. EW 20

中远集装箱运输有限公司
COSCO CONTAINER LINES
TLX: 33057 COSCO CN
FAX: +86(021) 6545 8984

ORIGINAL

2. Consignee Insert Name, Address and Phone
Toorder of First Bangkok City Bank LTD., Bangkok
（提单的抬头要根据信用证的具体要求填写 PAY TO ORDER,,）

Port-to-Port or Combined Transport

BILL OF LADING

RECEIVED in external apparent good order and condition except as other-Wise noted. The total number of packages or unites stuffed in the container, The description of the goods and the weights shown in this Bill of Lading are Furnished by the Merchants, and which the carrier has no reasonable means Of checking and is not a part of this Bill of Lading contract. The carrier has Issued the number of Bills of Lading stated below, all of this tenor and date, One of the original Bills of Lading must be surrendered and endorsed or sig-Ned against the delivery of the shipment and whereupon any other original Bills of Lading shall be void. The Merchants agree to be bound by the terms And conditions of this Bill of Lading as if each had personally signed this Bill of Lading.
SEE clause 4 on the back of this Bill of Lading (Terms continued on the back Hereof, please read carefully).
*Applicable Only When Document Used as a Combined Transport Bill of Lading.

3. Notify Party Insert Name, Address and Phone
(It is agreed that no responsibility shall attach to the Carrier or his agents for failure to notify)
Nan Heng International Trade CO.,
104 / 4 Lardp Rd Wangt
BANGKAPI. BKK
（通知人也要根据信用证的具体要求填写 NOTIFY）

4. Combined Transport * Pre-carriage by:
5. Combined Transport* Place of Receipt:
6. Ocean Vessel Voy. No.: EAST WIND V19
7. Port of Loading: QING DAO
8. Port of Discharge: BANGKOK
9. Combined Transport * Place of Delivery:

Marks & Nos. Container / Seal No.	No. of Containers or Packages	Description of Goods (If Dangerous Goods, See Clause 20)	Gross Weight Kgs	Measurement
NHIT BANGKOK NO 1-9	900 dozen Tri-Circle Brand Brass Padlock in 9 wooden cases of 100 dozen each	900 dozen Tri- Circle Brand Brass Padlock		

Description of Contents for Shipper's Use Only (Not part of This B/L Contract)

10. Total Number of containers and/or packages (in words): Nine wooden cases only
Subject to Clause 7 Limitation

11. Freight & Charges	Revenue Tons	Rate	Per	Prepaid	Collect
Declared Value Charge				prepaid	

Ex. Rate:	Prepaid at	Payable at	Place and date of Issue
	QINGDAO		DEC 31 , 2019
	Total Prepaid	No. of Original B(s)/L	Signed for the Carrier, COSCO CONTAINER LINES
	USD 330.40	THREE	

LADFN ON BOARD THF VFSSFI
DATE DEC 31 , 2019 COSCO CONTAINER LINES

图 1-10 提单正面样例

中远 COSCO 集装箱提单背面条款(中文)

中远集团提单背面条款

1. DEFINITIONS 定义

“承运人”（CARRIER）是指“中远集运”，即中远集装箱运输有限公司。

“货方”（MERCHANT）包括发货人、托运人、收货人、受货人、货主、本提单的合法持有人或被背书人，或与货物或本提单具有现时或未来利益关系的任何人，或被授权代表前述任何一方行事的任何人。

“船舶”按有关上下文情况，包括本提单第 6 栏所列船舶或其替代船舶，以及承运人或代表承运人于全部运程中的海运阶段所使用的任何支线船或驳船。

“分立契约人”（SUB-CONTRACTOR）包括（除承运人以外的）船舶所有人及经营人，装卸工人，码头、仓库、集装箱储运站经营人及拼箱经营人，公路及铁路运输经营人，及承运人雇佣的用以进行运输的任何独立订约人，以及其小分立契约人(SUB-SUB-CONTRACTOR)。分立契约人一词应包括直接及间接分立契约人及其各自的受雇人、代理人或分立契约人。

“货物”（GOODS）是指自货方收到的全部货物或其任何部分，并包括非由承运人或其代表提供的任何集装箱。

“件”是指由货方或其代表装载并铅封的每一集装箱，而不是在集装箱中所装的货物件数。

“装运单位”（SHIPPING UNIT）是指未以包件运输的任何一个具体单位的货物，包括机械、车辆及船只，但散装货物除外。

“集装箱”（CONTAINER）包括任何集装箱，如开顶集装箱、拖车、可运油罐、平板箱、货盘，以及为运输货物而使用的任何其他设备或设施。

本条作为定义条款，用以说明、规定本提单条款中经常出现的一些名词，以便明确在为提单所证明或构成的运输合同中所代表的概念、避免理解上的差异。

有关承运人的定义与提单正面的抬头和承运人签单部位的落款相对应，符合《跟单信用证统一惯例 500》对提单签发的要求。本提单所构成或证明运输合同中的承运人仅指中远集运，而非任何其他相关的契约承运人、实际承运人，这样避免了当存在几个运输合同时发生混淆。另外还应指出的是承运人被定义为‘中远集运’（COSCO CONTAINER LINES.），虽然中远集装箱运输有限公司的英文正式名称为 COSCO CONTAINER LINES COMPANY LIMITED，但是我们这里仅使用其商业名称(TRADE NAME)。

关于货方的定义将发货人、托运人、收货人、受货人、货主、本提单的合法持有人或受背书人，或与货物或本提单具有现时或未来利益关系的任何人，或被授权代表前述任何一方行事的任何人纳入运输合同中与承运人相对应的货方，符合提单流转的需要，保护了船货双方共同的权益，便于双方根据运输合同解决纠纷。

关于‘件’的定义是与提单正面的‘不知条款’相对应的，同时也是为适应海商法有关承运人单件责任限制规定的需要。即除非提单上已显示了货物件数或者表明了“据称内装”等类似词句，否则由货方装箱的一个集装箱将作为一件计算，这是因为承运人在接受整箱货时无法核实货物件数，同时整箱货的运费比拼箱货按件数、重量、体积等单位计收的运费低廉。

*本条款中各项定义也适用于条款注释中出现的相关名词。

图 1–11 提单背面样例（部分）

（二）装箱单

装箱单是发票的补充单据，通常可以将其有关内容加列在商业发票上，它列明了信用证（或合同）中买卖双方约定的有关包装事宜的细节，便于国外买方在货物到达目的港时供海关检查和核对货物。

1. 装箱单的主要内容

（1）抬头（To Messrs）：收货人（即客户），一般注明合同买方的名称和地址。

（2）货物名称及规格（Description）：该栏一般注明具体装运的货物的名称、品质、规格及包装状况等内容。

（3）总箱数和总数量（Ge. Crate/Ge. Quantity）：注明每种货物的包装件数和合计数。

（4）总毛重（G.W.）及总净重（N. W.）：注明总毛重和总净重。有时也需要列明货物的单件毛重、净重或皮重（Tare）；不定量包装货物的情况下，通常要逐件列出单件重量。

唛头内容一般与发票所列相同，有时仅在装箱单中列明。装箱单样例如图 1-12 所示。

装 箱 单

PACKING LIST

客　　户　　　　　　　　　　　　　　　　　　　　日期：
To Messrs: ______________________　　　　　　　　Date: __________

船　　名　　　　　　　　　　由　　　　　至　　　　合同号
Shipped by: ____________________From　　　To　　　Contract No.: ______

箱号 Ctn.No	货物名称及规格 Description	总箱数 Ge.Grate	总数量 Ge.Quantity	总毛重 G.W.(kg)	总净重 N.W.(kg)
合计 Total					

图 1-12　装箱单样例

2. 装箱单填写要点

（1）为了保持与发票一致，装箱单、重量单和尺码单在号码和日期两栏与发票要完全相同。

（2）装箱单、重量单和尺码单一般不显示收货人、价格、装运情况，对货物描述一般都使用统称概述。

（3）装箱单着重表现货物的包装情况，将从最小包装到最大包装的包装材料、包装方式逐一列明。而对于重量和尺码内容，一般只体现累计总额。重量单在装箱单的基础上详细表示货物的毛重、净重、皮重等。

（4）装箱单、重量单和尺码单的制作要以信用证、合同、备货单、出货单为凭据。

（5）如果信用证上要求在装箱单、重量单和尺码单上填写一些特殊条款，应按照条款进行办理。

（三）商业发票

商业发票（Commercial Invoice）是贸易中的买卖双方收付货款和记账的依据，是国际贸易信用证单证之一。

商业发票是一笔业务的全面反映，其内容包括商品的名称、规格、价格、数量、金额、包装等，同时也是进口商办理进口报关不可缺少的文件，因此商业发票是全套出口单据的核心。

在填写商业发票的过程中应注意以下几点。

（1）首文部分应该列明发票的名称、发票号码、合同号码、发票的出票日期和地点，以及船名、装运港、卸货港、发货人、收货人等。这部分一般都是已印刷的项目，除此之外的空格部分需要填写完整。

（2）发票的文本主要包括唛头、商品名称、货物数量、规格、单价、总价毛重/净重等内容。

（3）发票的结文部分一般包括信用证中加注的特别条款或文句。

商业发票样例如图 1-13 所示。

（四）产地证

产地证分为一般产地证和普惠制产地证。C.O. 产地证又称一般产地证，是原产地证的一种。C.O. 产地证是用以证明有关出口货物制造地的一种证明文件，是货物在国际贸易行为中的“原籍”证书，在特定情况下进口国据此对进口货物给予不同的关税待遇。

一般产地证包含编号、发票号、发票日期、运输细节、拟装运日期、货运中文、货物描述、包装数量、数量、原产地标准、生产企业等信息。

产地证样例如图 1-14 所示。

COMMERCIAL INVOICE
商 业 发 票

Note: please complete all the information in English　　注意：请用英文填写所有资料

DATE OF EXPORTATION 出口日期：31-Mar-19	AIR WAYBILL NO. 空运提单号码 010313061236
SHIPPER 发货人 CORP NAME 公司名称: ABC COMPANY ADDRESS 地址: G/F, NO. 100 XIAHE ROAD, XIAMEN CHINA ATTENTION 姓名: ZHANG YONG　TEL NO 电话: 0592-1234567	CONSIGNEE 收货人 CORP NAME 公司名称: ABC COMPANY ADDRESS 地址: 9-13, SHIBAURA, 2-CHOME, MINATO-KU, TOKYO 108-8701 ATTENTION 姓名: ITO TSUKA　TEL NO 电话: 81-03-12345678
EXPORT REFERENCES 出口编号 COUNTRY OF ORIGIN 物品来源地 XIAMEN COUNTRY OF EXPORT 出口国 China COUNTRY OF DESTINATION 物品目的地 Japan	IMPORTER - IF OTHER THAN CONSIGNEE 清关人 CORP NAME 公司名称: DEE COMPANY 地址 ADDRESS: 9-13, SHIBAURA, 2-CHOME, MINATO-KU, TOKYO 108-8701 ATTENTION 姓名: OKUTANI TSUYOSHI　TEL NO 电话: 81-03-12345678

NO.OF PKGS 包装件数	DESCRIPTION OF GOODS 货品详细描述	QUANTITY 货品数量	UNIT VALUE 单价	TOTAL VALUE 总价
	(1) SWEATER 详述物品名称，如DRESS, BLOUSE, TROUSER, SHIRT等 (2) FOR WOMEN 货品给哪类人用的，如MEN、WOMEN、BOYS OR GIRLS等 (3) 75% WOOL / 25% SILK 指出服装用什么材料制成，如棉（COTTON）、丝（SILK）、毛料（WOOL）、麻（LINEN）、SYNTHETIC FABRIC（混合纤维）、亚克力（ACRYL）、伸缩尼龙（POLYESTER）、尼龙（NYLON）、羊毛（CASHMERE）等 (4) WOVEN 制作方法，如机织（WOVEN）、针织（KNITTED）等	2pcs	USD 5	F. O. B. USD 10.00
	TOTAL INVOICE VALUE 合计总价			USD 10.00

SHIPPER'S SIGNATURE 发货人签名　ZHANG　　DATE 日期　2019-3-31

I/We hereby declare the information on this invoice is true and correct, and that the contents of this shipment are as stated above.

图1-13　商业发票样例

<table>
<tr><td>1.Exporter（出口方）
ZHEJIANG LAMP FOREIGN TRADE I/E CORP.
18 TIANMUSHAN ROAD HANGZHOU,CHINA</td><td rowspan="2">Certificate No. 09235855

CERTIFICATE OF ORIGIN
OF
THE PEOPLE'S REPUBLIC OF CHINA</td></tr>
<tr><td>2.Consignee（收货方）
S.N INTERNATIONAL TRADE CO.
500044 N W 21 STREET
SANFRANCISCO FL.33142,U.S.A</td></tr>
<tr><td>3.Means of transport and route（出运日期、运输方式和路线）
FROM NINGBO TO SANFRANCISCO PORT
BY SEA</td><td rowspan="2">5.For certifying authority use only（签证机构用栏）</td></tr>
<tr><td>4.Country/region of destination（目的国/地区）
SANFRANCISCO,USA</td></tr>
</table>

6.Marks and numbers of packages（运输标志）	7.Number and kind of packages; description of goods（商品名称、包装数量及种类及总件数）	8.H.S Code（商品编码）	9.Quantity or weight	10.Number and date of invoices（发票号码及日期）
S.N MADE IN CHINA	DESK LAMP Art.No.JB702 THREE HUNDRED AND FOUR(304) CARTONS ONLY/THIRTY EIGHT(38) WOODEN CASES ONLY ******************************	9405.2000	G.W.: 608KGS	9394029 MAY 10,2018

图 1-14 产地证样例

项目小结

在本项目中，通过对销售合同、PI 表单、报价表、报关单填写进行练习及对清关流程的介绍，使读者对跨境贸易中的相关单证制作有了深入的了解，同时对跨境贸易的整个流程也有了清晰的认知。

名词解释

（1） FOB（Free On Board），也称“船上交货价”，是国际贸易中常用的贸易术语之一。按离岸价进行的交易，买方负责派船接运货物，卖方应在合同规定的装运港和规定的期限内将货物装上买方指定的船只，并及时通知买方。货物在装运港被装上指定船时，风险即由卖方转移至买方。

（2）唛头：在外贸业务中，唛头是指运输包装标志，同时也是运输标志的另一种称呼，是为了便于识别货物，防止错发货。唛头运输标志的内容繁简不一，由买卖双方根据商品特点和具体要求商定，目前，国内贸易也沿用了进出口贸易的规则，常常也在货物的包装上使用唛头，目的也是为了便于货物的储运和流通管理。

知识链接

（一）制作报价时应注意的格式和细节

（1）在邮件正文里放上一些关键内容，如总报价、公司的优势等，这些都是引子，以便让客户有兴趣打开报价表。

（2）报价表的命名一定是公司名称加产品名称，保证客户能够知道这份报价表是什么产品的报价表，以及来自哪个公司。

（3）写明收件人。在报价表开头注明：To 某客户、报价表制作时间和有效期。

（4）在报价表抬头部分加入自己公司的标志、名称、电话、传真、邮箱，以及公司的一些理念、口号等，这是用来提升形象、展现专业度的一种方法。

（5）如果允许，可以在报价表的第一部分添加公司简介，以突出本公司优势，如专业生产多少年，拿到过哪些认证等，还可加上公司办公室的图片、工厂的图片、车间的图片。切记，凡是出现图片的地方都要打上水印！

（6）制作报价表格。将每一部分的价格标注清楚，包括每一部分的型号、大体参数尺寸、品牌、质保年限等。当然，还要出现报价的关键因素、付款方式等。

（7）介绍产品卖点，告诉进口商，本公司的产品为什么值这个价钱。例如，进口商要购买十个设备，前期对于每个设备都简略地用表格报了价，这个部分就需要放出每个设备的详细信息，包括图片、认证、具体的参数、优势、设备的包装类型、包装图片、配套的配件数量等(如果是成套设备则需要把配件表标注出来)。

（8）很多公司有集装箱摆放软件，这时可以在最后一部分演示客户需要的产品如何摆放，总计需要几个集装箱，以彰显专业。

（9）提供至少两种格式的报价表。第一种为 Word 文档，这是供客户修改使用的。但是由于 Word 文档版本的差别，可能打不开，所以还需要提供另一种格式的文档——PDF 版本的文档。PDF 版本的文档比较正规，是标准的文书。最好再提供一个图片版，万一客户既打不开 Word，又没有 PDF 浏览器，就要寄希望于这张图片了。

（10）无论提供什么文件格式，发送之前必须预览，以保证客户拿到手就可以直接打印使用。在邮件最后部分写上："详细报价资料请参见附件中的文件，我提供了三种格式，DOC、PDF、JPEG，视您的电脑软件情况选择最合适的格式，而且我都已经排好版，您可以直接下载打印使用！"

（11）注意分段排版，不要出现很多文字一大段的情况，用不同颜色的文字标记不同的重点，加上图片，图文穿插，可以做出一个非常漂亮的报价文件。

（二）外贸中 PI 和 PO 的区别

PI 是 Proforma Invoice，形式发票；PO 是 Purchase Order，采购订单。PI 是销售方发给采购方的，类似国内贸易中的销售合同；PO 是采购方发给销售方的。

（1）PO 是 Purchase Order，即采购订单，两个 PO 即两个订单，一般的操作是价格和客人谈好之后，出口商传一份 PO，卖方做好 Sales Contract 或 Performa Invoice，等进口商签字回传后，这份订单就可以正式确认了。

（2）PI 是 Proforma Invoice，即形式发票。形式发票亦称预开发票。出口商有时应进口商的要求，将准备出口货物的名称、规格、数量、单价、估计总值等开立一种非正式的参考性发票，以供进口商向其本国金融或外贸管理当局申领进口许可证和核批外汇之用。由于它是一种非正式单据，既不能用作交易双方的记账依据，也不能用于托收议付，对交易双方无最终约束力，当正式成交履行合同时仍需要按照有关规定内容另开正式发票。

项目二

国际站入驻

阿里巴巴国际站（www.alibaba.com）是帮助中小企业拓展国际贸易的出口营销推广服务，它基于全球领先的企业间电子商务网站——阿里巴巴国际站贸易平台，通过向海外买家展示、推广供应商的企业和产品，进而获得贸易商机和订单，是出口企业拓展国际贸易的首选网络平台。

【学习目标】

知识目标

1. 了解国际贸易的一般交易流程；

2. 了解“出口通”服务的具体内容。

能力目标

1. 能够掌握国际贸易买卖双方的交易流程；

2. 能够掌握阿里巴巴国际站卖家账号注册流程；

3. 能够掌握公司信息审核、实地认证的具体内容及流程；

4. 能够掌握“出口通”的开通流程。

【项目概述】

在充分了解国际贸易中买卖双方的交易流程后，学生以中国卖家的身份，成功注册阿里巴巴国际站免费会员，成为中国供应商行列中的一员，进而需要完成“出口通”付费会员服务开通。“出口通”服务为商家提供一站式的店铺装修、产品展示、营销推广、生意洽谈及店铺管理等全系列线上服务和工具，帮助企业降低成本、高效率地开拓外贸大市场，获得更多的贸易机会。这一系列的知识及能力将在本项目中得到系统的学习和训练。

【项目分解】

该项目下将对国际贸易的交易流程及阿里巴巴国际站的入驻流程进行全方位的学习，包括注册中国卖家账号、信息认证、账户信息管理、公司信息管理、“出口通”服务开通、新产品发布及海外买家账号注册等操作，让初学者能够以商家身份独立完成店铺开通，以海外买家身份完成买家账号注册，从而掌握阿里巴巴国际站的具体入驻流程。

任务一　国际站贸易流程

一、卖家交易流程

在跨境贸易中，卖家交易流程主要包含以下七个步骤。

第一步：市场调研。

出口企业需要对出口产品的海外市场、行业竞争情况和海外市场需求做全面的调研，主要包括出口产品市场调查、竞争对手调查和潜在客户背景调查等。

第二步：客户开发。

客户开发是外贸出口环节中最重要也是最艰难的一个环节，出口企业需要通过各种渠道开发潜在客户，可以分为主动开发和被动营销两种方式。

第三步：询盘报价。

收到潜在客户的产品询价后，出口企业需要对询盘进行报价和沟通。对于出口产品，主要的报价信息包含：产品规格型号、产品质量等级、产品包装、产品材质、产品价格、付款方式、运输方式等。

第四步：合同订单。

买卖双方达成意向，买方确认样品；双方签订 PI（形式发票）或者购货合同。合同中主要对商品名称、规格型号、数据、价格、包装、产地、装运期、付款条件、结算方式、索赔、仲裁等内容进行约定，并将达成的共识写入 PI 或采购合同中。

第五步：生产运输。

根据双方PI或者采购合同的要求，以及买家确认的样品来进行生产。生产完成后，企业安排租船订仓和拖柜（或者是送货到指定仓库），将货物运送到码头。在拖柜的同时将报关所需资料交给合作报关行或者货运代理公司，委托出口报关及做商检通关换单。最迟在开船后两天内，出口企业要将提单补料内容传真给船运公司或货运代理公司，同时督促船运公司尽快出提单正本及运费账单。

第六步：收款结汇。

外汇收款人将外汇卖给银行，银行按照外币的汇率支付等值的人民币。

第七步：核销退税。

企业出口货物后，在规定的期限内足额准时收汇，并以出口收汇核销单为主线索向注册地外汇管理局提供必需的单证和按照必需的程序进行出口收汇核销。核销后，企业凭外汇局出具的“出口收汇核销退税联”向税务局办理出口退税，享受出口优惠政策。

二、买家交易流程

在跨境贸易中，买家交易流程主要包含以下七个步骤。

第一步：搜索。

海外买家根据采购需求，通过跨境电商平台或者搜索引擎，用关键词搜索寻找要采购的商品。

第二步：筛选。

通过搜索的结果，买家根据商家的图片、文字等信息进行筛选，进而判断出适合自己的供应商。

第三步：询盘。

采购前，采购商都会发出相关的询盘（Inquiry）给供应商，做一些细节上的了解。询盘的内容可涉及价格、规格、品质、数量、包装、装运以及索取样品等信息。

第四步：样品。

在询盘顺利的情况下，海外买家通常会在下单之前，要求供应商按照自己的要求打样。样品确认后，一旦签订合同，后续生产会以此样品为标准。而样品是否收取费用，通常根据样品价值的大小以及供应商不同时期的策略来决定。

第五步：合同。

经过洽谈，买卖双方签订正式的采购订单（或者 PI），在合同中约定好买卖双方达成一致的意见。

第六步：付款。

签订合同后，买家向卖家进行付款。常用的付款方式主要有三种：Visa/Master Card、T/T 电汇、E-Checking。

第七步：收货。

等待卖家生产发货并运输到港口，直到买家收到自己采购的商品。

任务二　国际站开通

一、注册中国卖家账号

（一）设置登录名

（1）打开实训平台，选择卖家身份进入“My Alibaba”首页，如图 2-1 所示。

（2）单击首页右上方的“Join Free”按钮，进行免费注册，如图 2-2 所示。

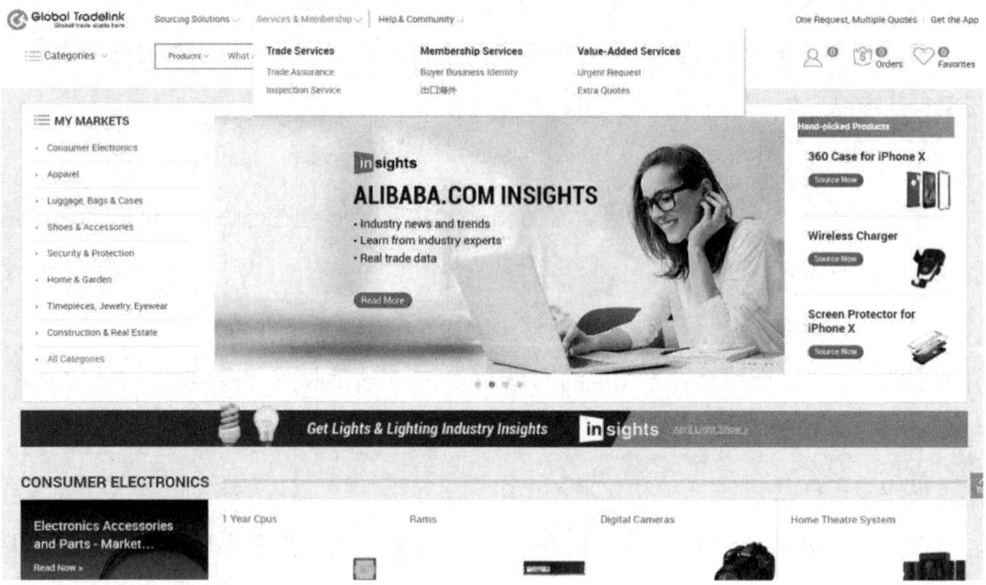

图 2-1　实训平台首页

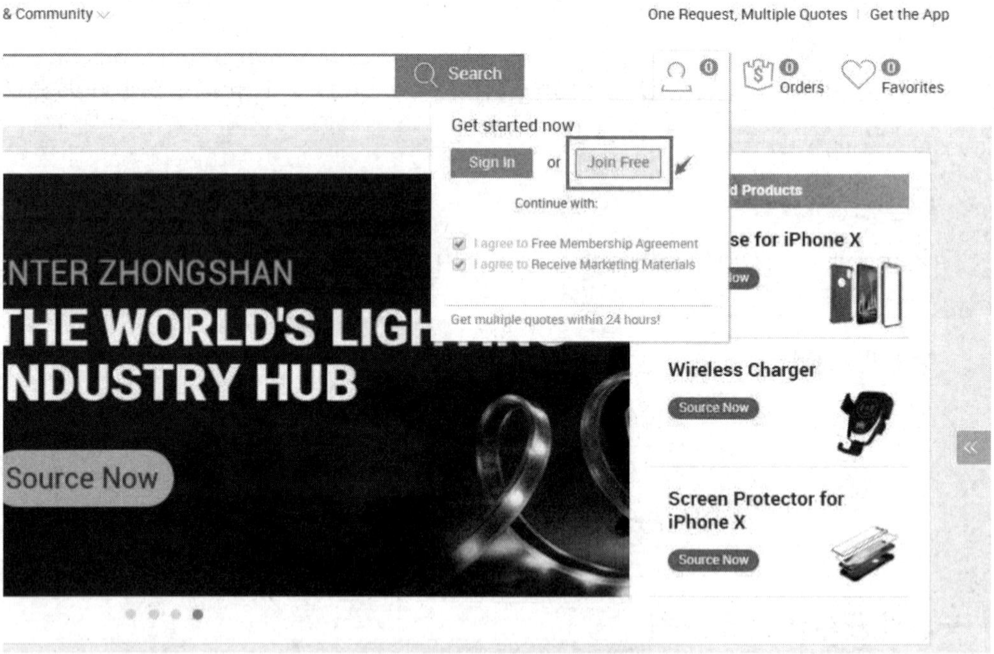

图 2-2　卖家账号申请入口

（3）将已经申请好的电子邮箱输入注册界面，滑动验证滑块到最右边，并在会员协议的复选框中打“√”，如图 2-3 所示；单击“下一步”按钮后，弹出验证邮件送达页面，如图 2-4 所示；单击“请查收邮件”按钮，在弹出的邮箱验证页面中单击“完成注册”按钮，即代表卖家账号注册成功，如图 2-5 所示。

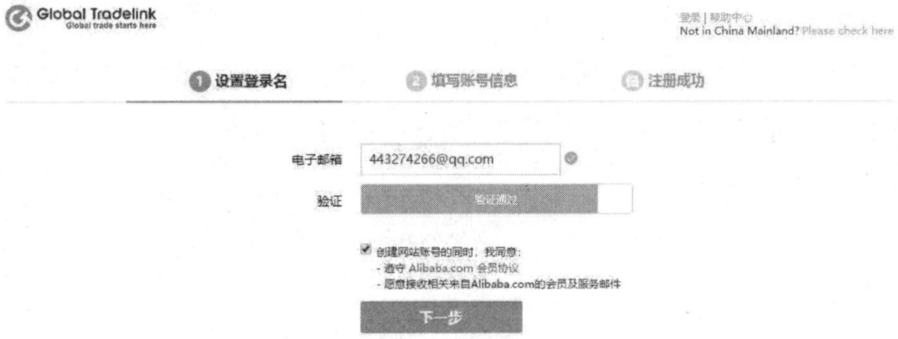

图 2-3 设置登录名页面（一）

图 2-4 验证邮件送达页面

图 2-5 完成注册页面

（二）填写账号信息

邮箱验证成功后，按系统提示进行账号信息填写。依次设置好登录密码、公司名称、手机号码、固定电话、联系地址等信息后，绑定的手机会收到登录验证码（真实平台会发送手机验证码），完成注册，如图 2-6 至图 2-8 所示。

图 2-6 设置登录名页面（二）

图 2-7 填写账号信息页面

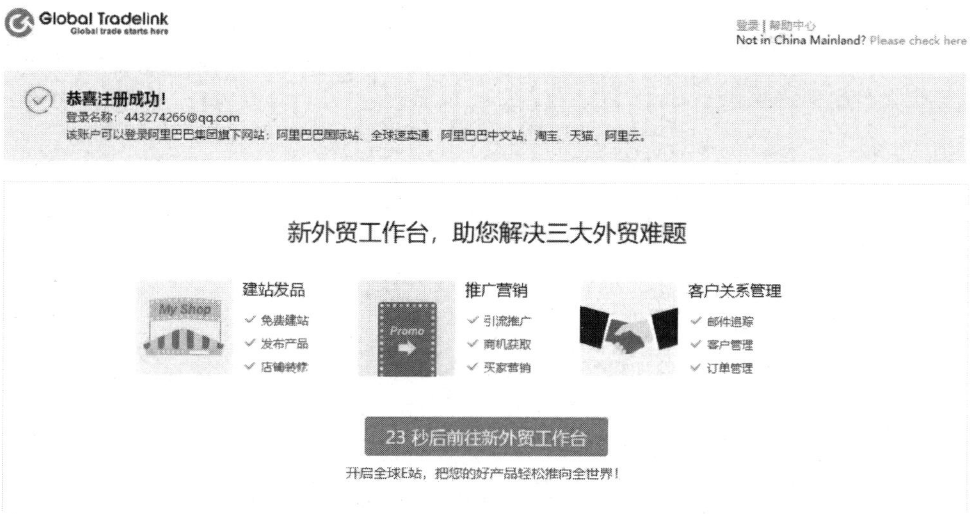

图 2-8 卖家账号注册成功页面

二、开通出口通服务

（一）A&V 认证信息填写

（1）以注册成功的卖家身份登录国际站后台，打开“My Alibaba”首页。单击“店铺管理”模块，在右方菜单中找到并单击“A&V 认证信息”按钮，进入认证信息页面，如图 2-9 所示。

图 2-9 进入“A&V 认证信息”页面

（2）根据页面指导，依次提交认证信息及公司信息，如图 2-10 所示。

图 2-10　提交认证信息及公司信息页面

（二）提交认证信息

单击“提交认证信息”按钮，进入信息填写页面。按照系统提示，依次填写企业执照信息、企业对公账户信息、企业经营地址信息及认证人信息的各项详情（注意：* 为必填项）。确认各项信息填写无误后，单击“确认提交”按钮，即认证信息提交成功，如图 2-11 至图 2-15 所示。

图 2-11　提交认证信息页面

提交认证信息
信息审核
认证结果
请尽快提交认证信息，以免延误认证对贵公司推广服务造成影响，并确保提交认证的所有信息、资料均系贵司填写及确认提供，并且所有填写及提供的信息和提交的资料均系真实、准确、合法，如有造假，将承担认证不能通过，无法开通中国供应商服务及其他相应服务等不利后果！如对认证信息提交有疑问，请及时联系您的客户经理 寻求帮助！
* 为必填项。
温馨提醒：需要提交的认证信息中包含：营业执照照片、经营场地证明照片（如：产权证、租赁合同等相关场地证明资料）、公司银行帐户信息（特指以企业名称作为银行开户名的帐户，包括公司基本帐户或公司一般帐户，不接受其他任何个人帐户或外币帐户）。请提前准备好相关资料。
认证信息提交教程
企业执照信息 企业执照信息如何提交？
* 企业注册全称（中文）：
* 企业注册全称（英文）：
英文名称填写要点
企业名称包含区域、字号、行业和组织形式（性质）四个字段。
请根据中英文一致的翻译标准，完整填写英文名称。如与标准不一致，请附件提供英文名称使用凭证。
中国供应商服务开通后，公司英文名称不得随意修改。
请上传公司英文名称凭证：
选择文件
请上传对外贸易经营者备案登记表或公司银行外汇账户开户凭证。
您最多可以上传6个附件，上传的图片可以是原件或复印件或扫描件，附件清晰，大小不超过3MB，
支持Jpeg, Jpg, Gif, Png, Pdf格式，建议上传图片尺寸：600px*600px。
* 请上传营业执照照片：
选择文件
请上传工商最新核发的营业执照
您最多可以上传6个附件，上传的图片可以是原件或复印件或扫描件，附件清晰，大小不超过3MB，
支持Jpeg, Jpg, Gif, Png, Pdf格式，建议上传图片尺寸：600px*600px。
* 企业注册国家/地区：
-请选择国家/地区-
* 企业注册地址（中文）：
请填写营业执照上的注册地址，并确保中英文一致。
* 企业注册地址（英文）：
请填写营业执照上的注册地址，并确保中英文一致。

图 2-12 企业执照信息填写页面

企业对公账户信息 企业对公账户信息如何提交？
特别提醒：企业对公账户只接受以 本企业名称作为银行开户名的人民币账户，不接受任何其他个人账户或外币账户。
* 企业对公帐户开户行：
请完整填写与贵司开户许可证对应的对公帐户开户银行名。
* 企业对公帐户开户名：
请完整填写与贵司开户许可证对应的对公帐户开户名。
* 企业对公帐户帐号：
请完整填写与贵司开户许可证对应的对公帐户帐号。
验证流程：第三方认证公司会跟您联系并向贵公司银行账户汇入一笔2.5元以下的校验金额，请配合反馈收款金额。
企业经营地址信息 企业经营地址信息如何提交？
企业经营地址信息一
* 企业联系国家/地区：
-请选择国家/地区-
* 企业经营地址（中文）：
请填写贵司实际经营地址，并确保中英文一致。
* 企业经营地址（英文）：
请填写贵司实际经营地址，并确保中英文一致。
* 上传企业经营场地证明照片：
-请选择证明类型-
复用场地证明
场地证明如何提交？
+增加新的企业经营地址

图 2-13 企业对公账户信息及企业经营地址信息填写页面

图 2-14　认证人信息填写页面

图 2-15　确认提交页面

（三）提交公司信息

（1）单击"提交公司信息"按钮，进入管理公司信息页面，根据实际情况勾选经营模式，并单击"下一步"按钮，如图 2-16 至图 2-17 所示。

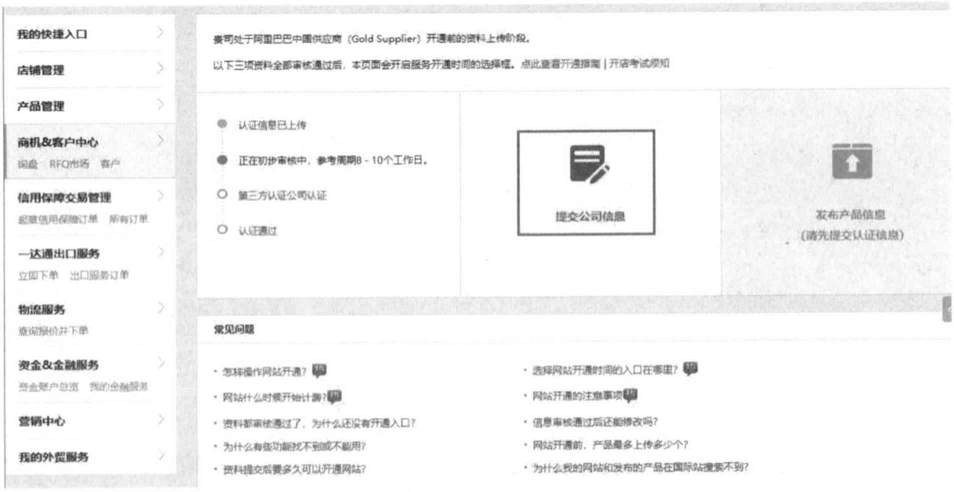

图 2-16　提交公司信息页面

图 2-17 管理公司信息页面

（2）按照系统提示，填写“基本信息”的各项详情（注意：* 为必填项），如图 2-18 和图 2-19 所示。填写完成后单击“提交”按钮。

图 2-18 基本信息填写页面（一）

图 2-19　基本信息填写页面（二）

（3）填写“研发设计”的各项详情（注意：* 为必填项），如图 2-20 所示。

图 2-20　研发设计填写页面

（4）填写“加工制造能力”的各项详情（注意：* 为必填项），如图 2-21 所示。

图 2-21　加工制造能力填写页面

（5）填写“外贸出口能力”的各项详情（注意：* 为必填项），如图 2-22 所示。

图 2-22　外贸出口能力填写页面

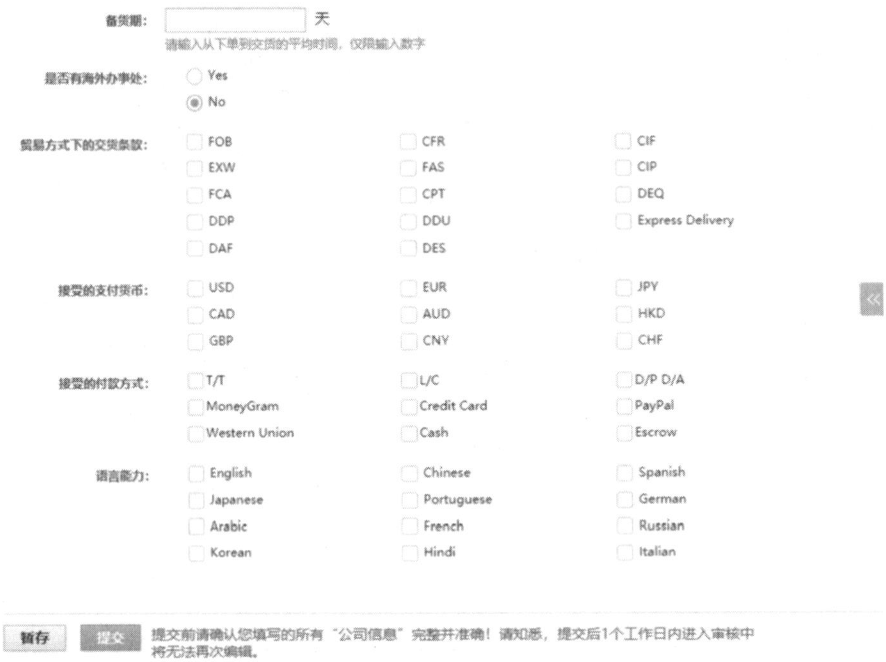

图 2-22　外贸出口能力填写页面（续）

（6）填写“展示信息”的各项详情（注意：* 为必填项）。确认各项信息填写无误后，单击“提交”按钮，即代表认证信息提交成功，如图 2-23 所示。

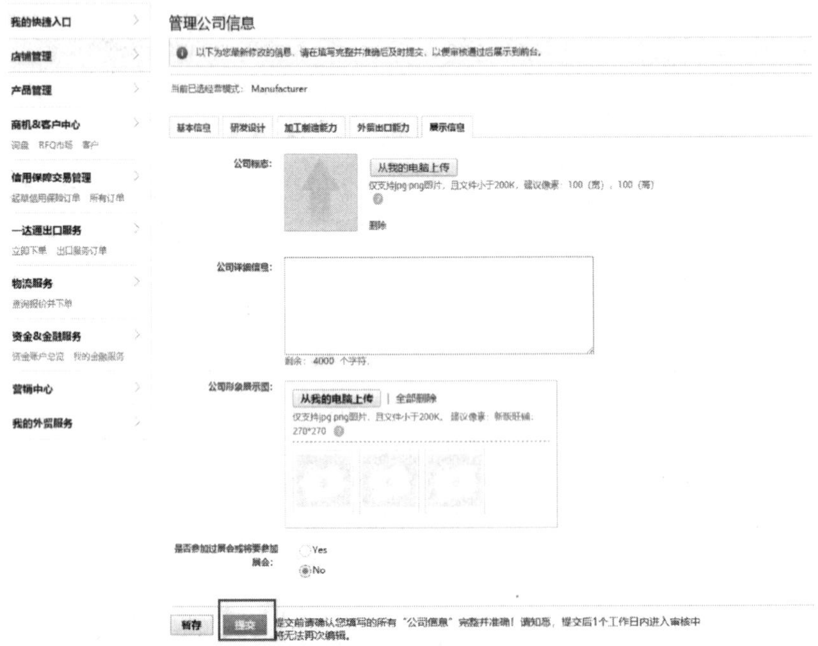

图 2-23　展示信息填写页面

（四）发布产品信息

按如图 2-24 所示页面提示发布产品信息，包含类目选择、基本信息、产品详细信息及物流信息 4 个部分，如图 2-25 至图 2-29 所示。

图 2-24　发布产品信息页面

图 2-25　选择语言市场及类目页面

图 2-26　基本信息填写页面

图 2-27　产品详细信息填写页面

图 2–28　物流信息填写页面

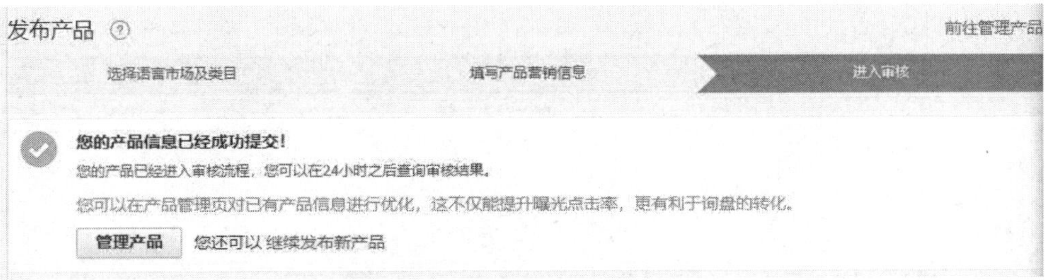

图 2–29　产品信息提交成功页面

（五）出口通答题

发布完产品后，返回任务详情页面，再次单击“开始实训”按钮，页面跳转至考试答题页面，单击“去考试”按钮，在弹出的页面中单击“开始考试”按钮，进行答题，答题完成之后单击“提交”按钮，达到 90 分及以上则开店成功，否则需要继续重新答题，直到满 90 分为止，如图 2–30 至图 2–32 所示。

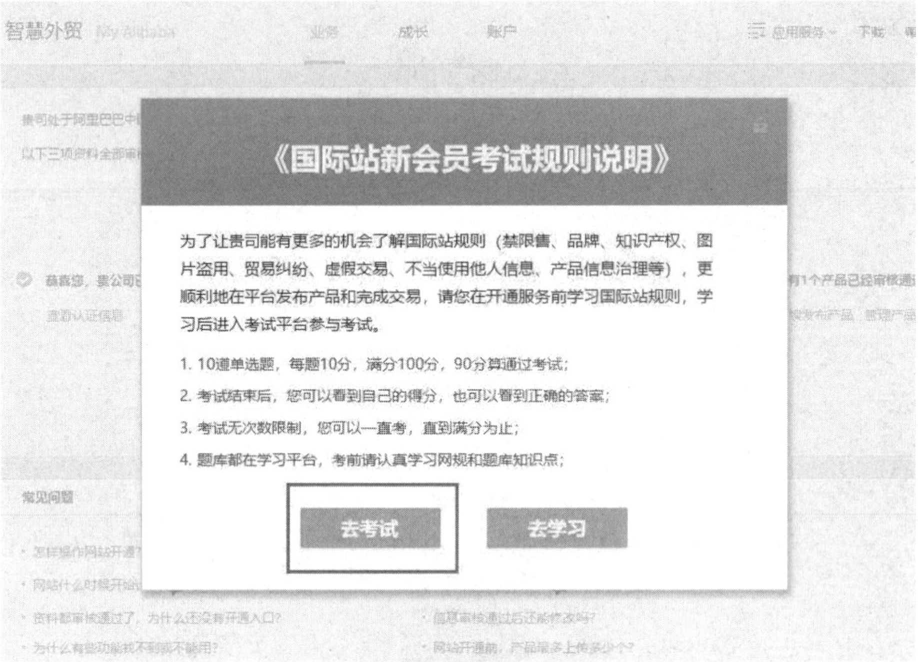
智慧外贸
《国际站新会员考试规则说明》
为了让贵司能有更多的机会了解国际站规则（禁限售、品牌、知识产权、图片盗用、贸易纠纷、虚假交易、不当使用他人信息、产品信息治理等），更顺利地在平台发布产品和完成交易，请您在开通服务前学习国际站规则，学习后进入考试平台参与考试。
1. 10道单选题，每题10分，满分100分，90分算通过考试；
2. 考试结束后，您可以看到自己的得分，也可以看到正确的答案；
3. 考试无次数限制，您可以一直考，直到满分为止；
4. 题库都在学习平台，考前请认真学习网规和题库知识点；
去考试
去学习

图 2-30　考试规则说明页面

ICBU开店考试
答题时间: 90 分钟
考试时间开始后方能答题，答题时间截止后不能再提交答题，请把握好时间！因为信任，所以简单，请诚实答题！
开始考试
当前考试为闭卷考试，鼠标离开考试页面5次后系统就会自动交卷。你可在考试起止时间内任意时间前来答题，点击开始考试后开始计时，中途不可暂停，超过答题时间系统会自动交卷，超过考试截止时间不可答题。
请使用chrome、firefox等高级浏览器访问，其它浏览器可能无法正常访问！

图 2-31　开店考试页面

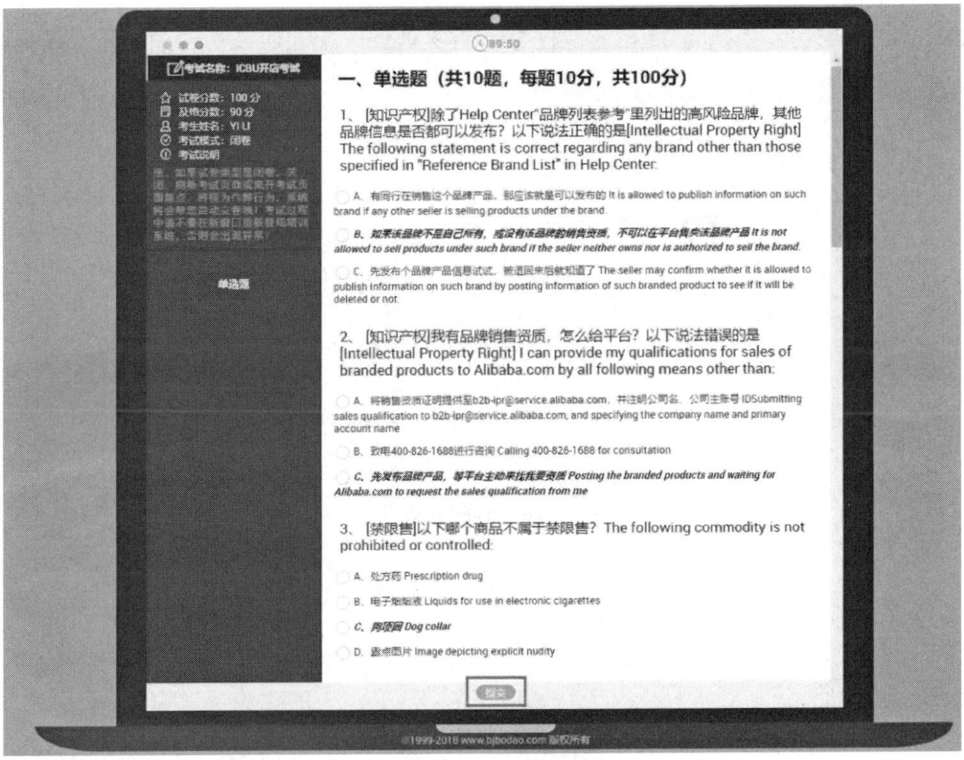
89:50
考试名称：ICBU开店考试
试卷分数：100 分
及格分数：90 分
考生姓名：YI LI
考试模式：闭卷
考试说明
单选题
一、单选题（共10题，每题10分，共100分）
1、[知识产权]除了Help Center"品牌列表参考"里列出的高风险品牌，其他品牌信息是否都可以发布？以下说法正确的是[Intellectual Property Right] The following statement is correct regarding any brand other than those specified in "Reference Brand List" in Help Center:
A. It is allowed to publish information on such brand if any other seller is selling products under the brand
B. It is not allowed to sell products under such brand if the seller neither owns nor is authorized to sell the brand.
C. The seller may confirm whether it is allowed to publish information on such brand by posting information of such branded product to see if it will be deleted or not
2、[知识产权]我有品牌销售资质，怎么给平台？以下说法错误的是[Intellectual Property Right] I can provide my qualifications for sales of branded products to Alibaba.com by all following means other than:
A. Submitting sales qualification to b2b-ipr@service.alibaba.com, and specifying the company name and primary account name
B. Calling 400-826-1688 for consultation
C. Posting the branded products and waiting for Alibaba.com to request the sales qualification from me
3、[禁限售]以下哪个商品不属于禁限售？The following commodity is not prohibited or controlled:
A. 处方药 Prescription drug
B. Liquids for use in electronic cigarettes
C. Dog collar
D. Image depicting explicit nudity

图 2-32 答题页面

三、买家账号注册

阿里巴巴网站是全球最大的贸易市场，也是进口商和出口商在线营销服务的领先提供商。这是买家和供应商在网上寻找贸易机会并促进自己业务的地方。知己知彼百战不殆，了解买家功能对于中国卖家来说同样很重要，因此我们从注册买家账号开始，逐步了解买家在阿里巴巴国际站上的功能及权利，从而在卖家端尽可能地争取成单、避免纠纷。

（1）选择买家身份登录“My Alibaba”首页，单击首页右上方的“Join Free”按钮，进行免费注册（操作同注册卖家账号），将自己的电子邮箱输入注册界面（请注意：买家邮箱后缀为 @gmail.com），滑动验证滑块到最右边，并在会员协议的空白框中打“√”，单击“Next（下一步）”按钮，如图 2-33 所示。

（2）在弹出的验证邮件送达页面中，单击“Go check email（请查收邮件）”按钮，如图 2-34 所示。

（3）在弹出的邮箱验证页面中单击“Complete（完成注册）”按钮，即代表买家账号注册成功，如图 2-35 所示。注意：本实训任务中注册成功的买家账号请务必留存，在后期的实训任务中将会用到。

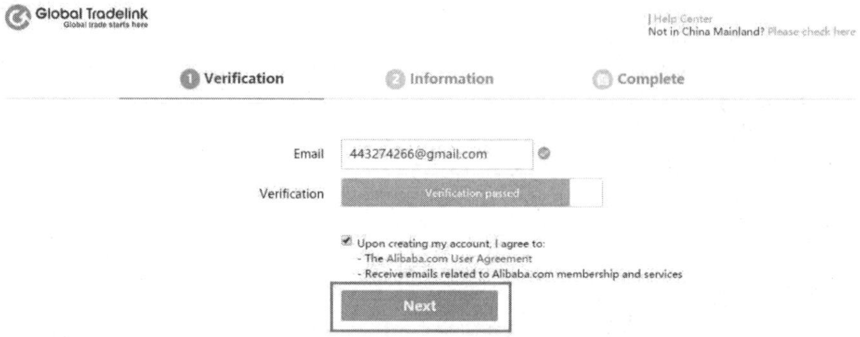

图 2-33　邮箱验证页面

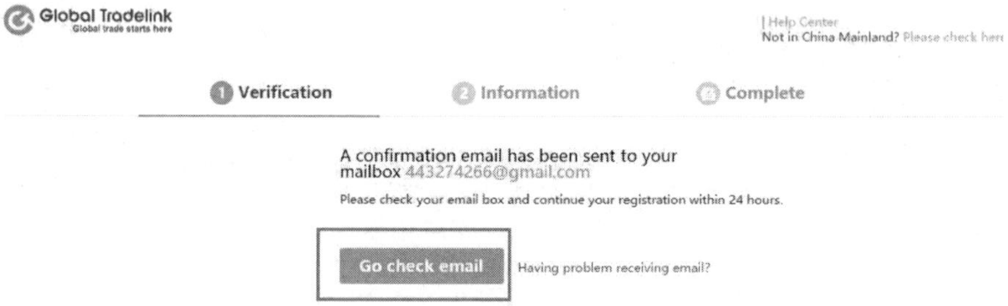

图 2-34　查收邮件页面

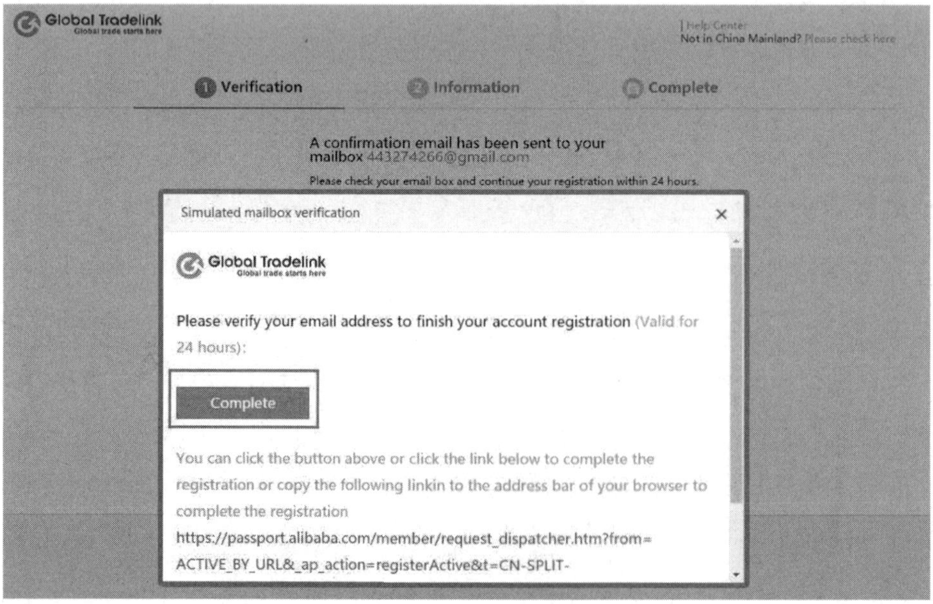

图 2-35　完成注册链接页面

（4）按系统提示设置买家账号登录密码及账号详情信息，确认信息填写无误后，单击“Complete（完成）”按钮，如图 2-36 所示。

图 2-36 买家账号信息填写页面

项目小结

在本项目中，以国际贸易中买卖双方的交易流程为案例背景，通过阿里巴巴国际站卖家账号及买家账号注册与开通的学习，让学生全方位地了解了阿里巴巴国际站的入驻流程，掌握公司信息审核、实地认证的具体内容及流程，帮助学生以中国卖家的身份，成功注册阿里巴巴国际站免费会员并开通出口通会员服务，成为中国供应商行列中的一员，最终获得贸易机会，促进订单成交。

名词解释

（1）出口通：阿里巴巴针对中国付费供应商推出的，旨在帮助中小企业拓展国际贸易的出口营销推广服务。该服务是基于阿里巴巴国际贸易平台，通过向海外买家展示、推广企业和产品，进而获得贸易商机和订单。

（2）金品诚企：阿里巴巴针对中国付费供应商，根据买家的采购习惯推出的综合性推广服务。通过阿里巴巴国际站平台多渠道的曝光，真实、全面地展现企业实力，提升被买家选择的概率。

知识链接

（一）出口通会员服务内容

1. 服务费用

出口通会员是需要收费办理的，费用按年收取，基础服务费用是 29 800 元 / 年。

2. 基础服务内容

基础服务包含在阿里巴巴国际站上建立企业网站，发布产品信息，向海外买家报价等基本付费会员权限。除此之外，出口通会员还享有 10 个橱窗产品、数据管家、视频自上传和企业邮箱等服务内容。

（二）金品诚企会员服务内容

1. 服务费用

出口通会员是需要收费办理的，按年收取，基础服务费用是 80 000 元 / 年。

2. 基础服务内容

基础服务包含出口通的基础服务内容，如建立企业网站、发布产品信息、向海外买家报价等基本付费会员权限。除此之外，金品诚企会员享有 8 组 40 个橱窗、认证视频。

项目三

网站建设

成为阿里巴巴国际站平台付费会员后，就会拥有一个自己的全球旺铺，该旺铺是阿里巴巴平台提供给供应商的全球企业展示和营销的网站，也是体现公司实力的一个线上展示店铺。通过设置账户相关信息和管理全球旺铺，实现公司及产品信息的前台展示，为开启全球网上贸易之路打下坚实基础。

【学习目标】

知识目标

1. 了解账户信息管理的内容；
2. 了解旺铺各模块的功能；
3. 了解旺铺装修所需图片的要求；
4. 熟知旺铺装修的基本步骤。

能力目标

1. 熟练掌握旺铺装修的基础操作；
2. 掌握旺铺装修的技巧；
3. 能够独立完成旺铺各模块的设计及编辑；
4. 能够进行域名绑定。

【项目概述】

成功入驻阿里巴巴国际站后，需要尽快完善账户信息，进行店铺管理，为之后产品的上架和推广做好准备。那么账户信息都包含了哪些内容？店铺管理的重点在哪里？全球旺铺可以向客户展示哪些内容，这些又该怎么设置呢？这一系列知识及能力将在本项目中得到系统的学习和训练。

【项目分解】

该项目下将对阿里巴巴国际站建设进行全方位的学习，包括账户信息的相关设置、公司信息管理、旺铺页面结构布局、旺铺模块装修设置及域名绑定等，让学生通过学习和实训，能够独立完成账户信息设置和店铺管理，实现网站搭建的目标。

任务一　账户信息

一、个人信息设置

登录“My Alibaba”－“账户”－“个人信息”，可以看到“个人信息”板块主要包含管理个人信息、头像上传、商业信息、隐私设置、积分中心和邮件订阅中心6项内容，如图3-1所示。单击相应的菜单即可进行编辑，根据页面提示获取短信验证码，输入正确的验证码后完成修改，24小时同步后可以在网站上看到。

图 3-1 “个人信息”设置页面

二、账户安全设置

账户安全主要包含修改注册邮箱、修改密码、设置安全问题、管理安全手机、同步询盘恢复数据和管理我的三方账户 6 项内容，如图 3-2 所示。账号登录之后单击相应的菜单，根据页面提示获取和输入正确的验证码进行编辑。

图 3-2 “账号安全”设置页面

三、子账号设置

子账号即 My Alibaba 操作系统的分账号权限，由管理员（主账号）创建。主账号登录进入“My Alibaba” - “账户”，可进行添加子账号、管理子账号和子账号登录摘要等设置，如图 3-3 所示。

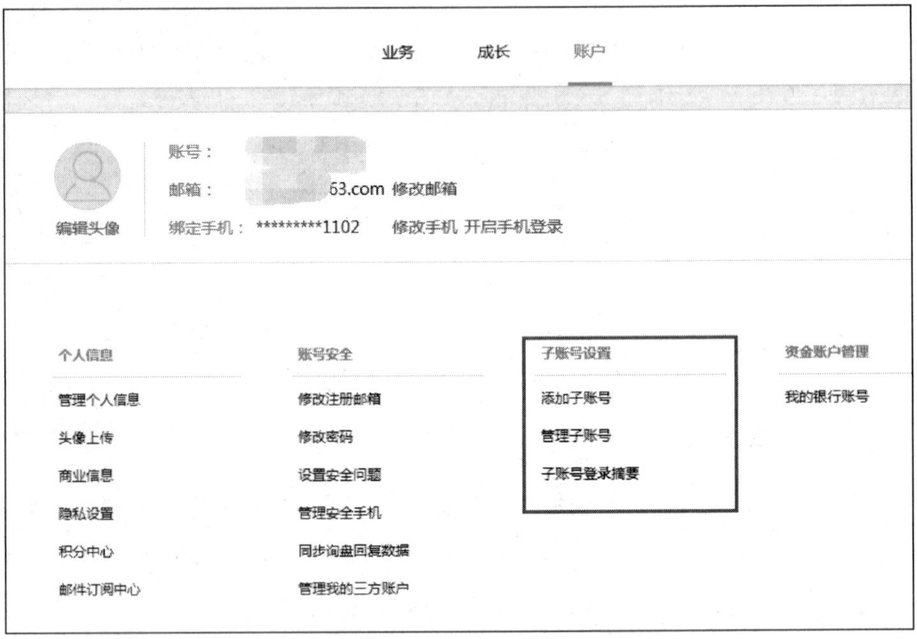

图 3-3 “子账号设置”页面

（一）添加子账号

单击“添加子账号”按钮，根据页面提示获取短信验证码，验证完成后即可进行相应的操作。子账号包含业务员、业务经理、制作员三种类型，权限各不相同。一个供应商最多能添加 5 个高级子账号，每个账号有自己独立的账号 ID（identification，身份证）和密码，可以登录 My Alibaba 操作系统，发布和管理自己的产品，处理自己收到或者分配所得的询盘，也可以登录 Trade Manager 和买家在线交流。

（二）管理子账号

单击“管理子账号”按钮，进入管理子账号页面，即可对子账号进行删除、冻结和解冻的操作。

子账号一旦删除就无法恢复，其拥有的 RFQ、询盘、产品、人脉名片和客户将直接转移到管理员名义下，被冻结的子账号需要先解冻后才能删除。

子账号冻结后将无法登录 My Alibaba 和 Trade Manager，管理员不能把询盘分配给该子账号，对应的注册邮箱也无法收到询盘信息。但该子账号原来拥有的产品、询盘、客户资源不变，实际询盘还是会正常进入该子账号的询盘模块。

子账号的删除、冻结和解冻操作均须完成短信验证。

（三）子账号登录摘要

单击“子账号登录摘要”按钮，管理员可查看所有子账号的类型、状态、上次登录时间、IP、国家等信息，便于管理员随时了解业务员的登录使用情况，一旦发现登录异常，即可冻结此账号。

四、资金账户管理

该资金账户用于接收保障订单非一达通出口报关的订单资金，不管卖家是否设置收款账户，订单交易成功后均会放款至卖家的账户。如果卖家进行资金提现，则需要绑定一个收款账户，然后再从支付宝国际账户中提现。

主账号登录“My Alibaba”-“账户”，在“资金账户管理”选项中选择“我的银行账号”，如图 3-4 所示。进入后，可添加收款账户，根据提示完成银行账户的设置。

图 3-4 “资金账户管理”设置页面

任务二 店铺管理

一、公司信息管理

主账号登录“My Alibaba”卖家后台 -“店铺管理”-“管理公司信息”的页面进行查看，如图 3-5 所示。

图 3-5 进入公司信息管理页面的途径

“管理公司信息”页面主要包括基本信息、研发设计、加工制造能力、外贸出口能力和展示信息五部分内容，单击即可展示相应的信息编辑页面，如图 3-6 至图 3-10 所示，该部分内容在阿里巴巴国际站认证开通时已填写过，如需要修改或补充可在此操作。其中打钩字段为已认证信息，不支持自行修改，若有变更，可以联系客户经理申请信息修改；带“*”字段为必填项。信息填写或修改完成后，单击“提交”按钮进入审核，时间为 1 个工作日。审核中的公司信息显示为灰色，无法再次编辑，待审核通过后即可再次编辑，同时，最新修改的信息将展示到前台。

图 3-6 “基本信息”页面

图 3-7 “研发设计”页面

图 3-8 "加工制造能力"页面

图 3-9 "外贸出口能力"页面

图 3-10 “展示信息”页面

二、旺铺装修

登录“My Alibaba”卖家后台，单击“管理”按钮，或从左侧导航栏“店铺管理”-“管理全球旺铺”进入全球旺铺管理页面，如图 3-11 和图 3-12 所示，只有主账号和制作员才可以开通和装修旺铺。

图 3-11 从“管理”按钮进入

图 3-12　从导航栏进入

（一）全球旺铺装修——布局

进入全球旺铺管理页面后，单击“我的页面”—“Home”，选择“编辑”，单击“创建版本”按钮，并为该版本命名，如图 3-13 至图 3-15 所示。

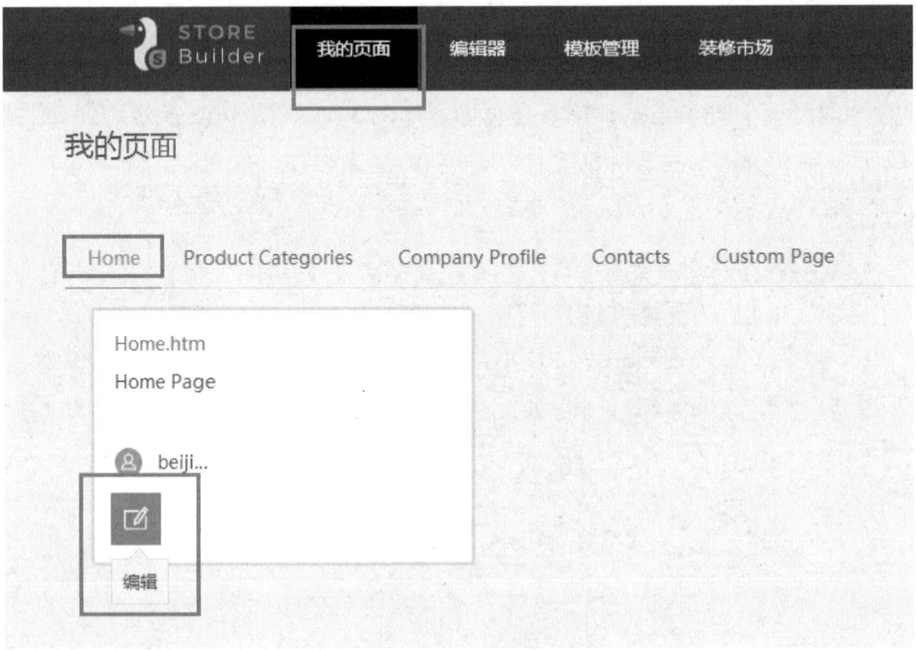

图 3-13　我的页面

图 3-14 创建 Home 版本页面

图 3-15 版本命名页面

版本创建完成后，单击新创建版本下“编辑”按钮，进入该页面的编辑区，如图 3-16 所示。

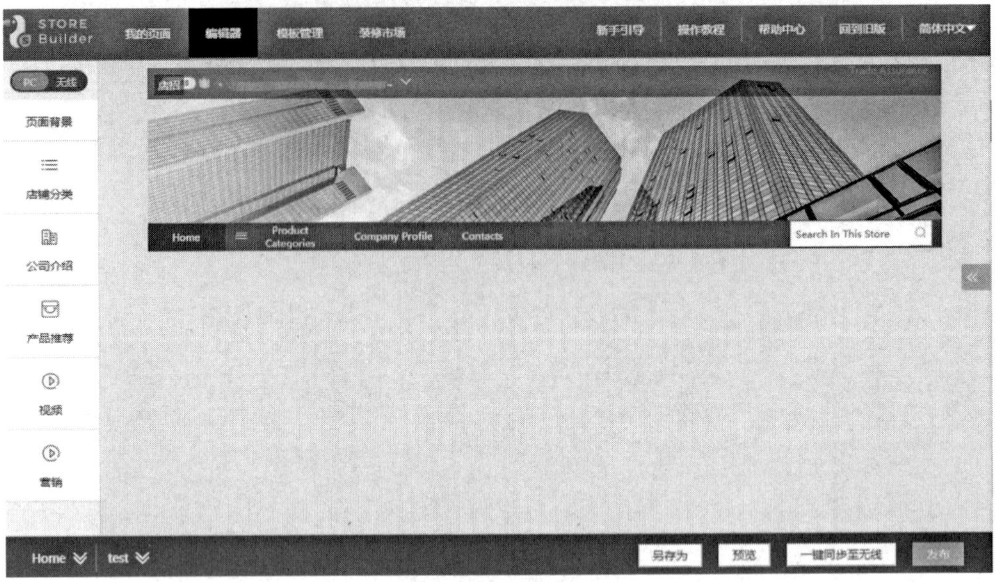

图 3-16 编辑区

在左侧模块区单击“页面背景”按钮，参考主营类目，设置符合类目的页面主题色和页面背景色，如图 3-17、图 3-18 所示。

图 3-17 页面主题色设置

图 3-18　页面背景色设置

编辑器左侧为模块区，包含丰富的模块组件，拖拽需要添加的模块组件至中间展示区的“+”号位置，释放鼠标即可。模块可被添加的位置分 3 种：通栏、宽栏、窄栏，某些模块 3 种位置都支持添加，某些模块只支持 1 种或 2 种。如“主营类目”就只能在通栏模式下添加，如图 3-19 至图 3-21 所示。

图 3-19　“主营类目”模块

图 3-20　通栏下添加模块

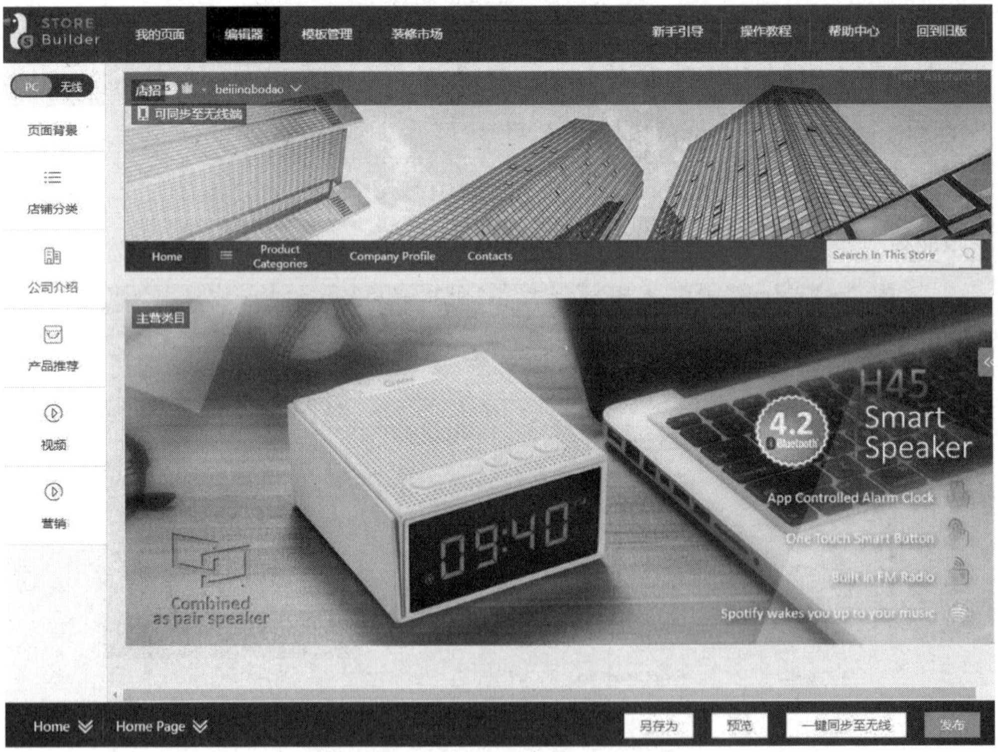

图 3-21　“主营类目”模块添加完成

模块添加完成后，单击展示区的该模块，在右侧弹出的编辑表单中设置其内容参数，如图 3-22 所示。

图 3-22　“主营类目”模块编辑表单

编辑完成后，单击“保存”按钮即可。依此方法，可继续添加其他模块，直至确定各页面全部布局好后，单击“另存为”按钮，另存成功，即完成该任务。

（二）全球旺铺装修——图片 SHOW

提前在 Photoshop 等软件中设计并保存好旺铺装修所需的图片，如背景图片、店招图、轮播 banner 等。不同类型的图片尺寸要求不同，如背景图片建议尺寸为 2000*3000px 以内，JPG、PNG 图片格式，2M 以内；店招图最佳尺寸为 1200*280px；轮播 banner 最佳尺寸为 1200*350px。

进入全球旺铺管理页面，单击“我的页面”—“Home”按钮，选择“编辑”选项，单击“创建版本”按钮，并为该版本命名，重新创建一个新版本，然后进入该版本页面的编辑区。

1. 设置背景图

在左侧模块区中单击“页面背景”按钮，选择“页面背景色”选项卡，勾选“背景图片”为“显示”状态，单击“+”上传已保存好的背景图片，如图 3-23 所示。上传完成后单击“Save and Close（保存并关闭）”按钮完成上传，如图 3-24 所示。

2. 设置店招图

单击展示区的“店招”按钮，在右侧弹出的编辑表单中勾选“店招底图”为显示状态，单击下方图片，选择并上传已保存好的店招图片，确认无误后单击编辑表单下方的“保存”按钮，如图 3-25 所示。注意：单击“使用默认背景”去除选中状态，否则上传的店招底图不显示。

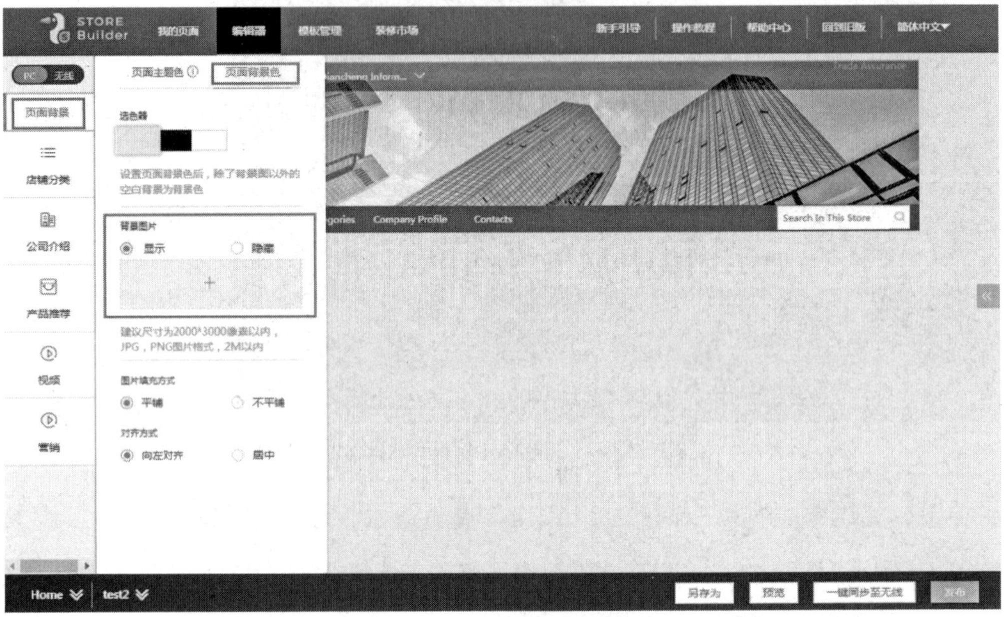

图 3-23　上传背景图片

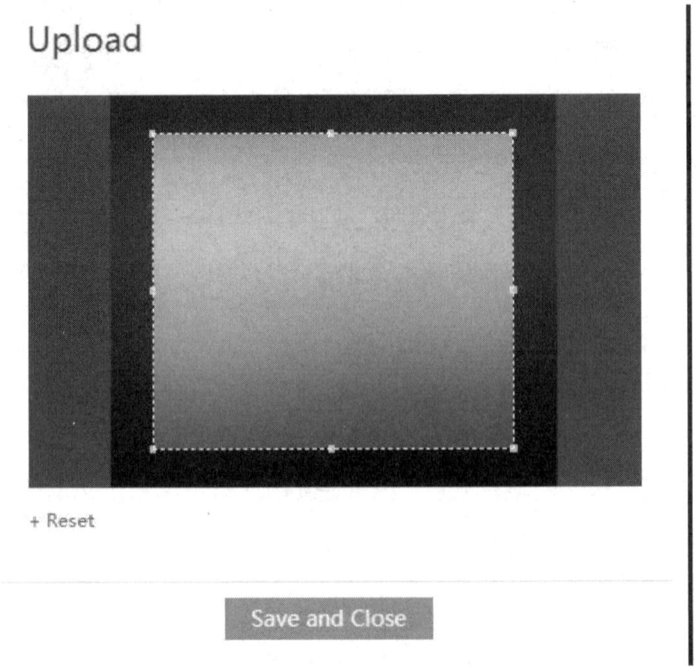

图 3-24　保存并关闭

图 3-25 设置店招图

3. 设置轮播图

在左侧模块区中，单击“营销”按钮，将“轮播 banner”组件拖拽至合适的位置，添加完成后在展示区单击“轮播 banner”按钮，在右侧展开的编辑表单中上传已处理好的轮播图片，并为图片设置链接，如图 3-26 至图 3-29 所示，完成该组件的设置后，单击“保存”按钮。

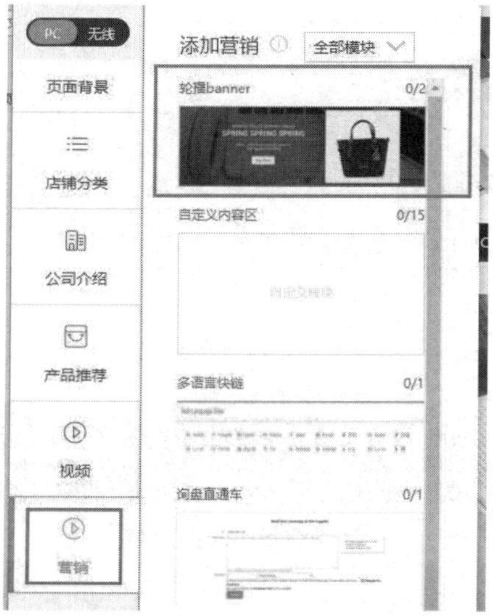

图 3-26 “轮播 banner”模块

图 3-27 “轮播 banner”编辑表单

图 3-28 上传图片

图 3-29 设置链接

装修完成后，预览查看效果，确认无误后单击“发布”按钮，即完成该任务。添加完成后的效果如图 3-30 所示。

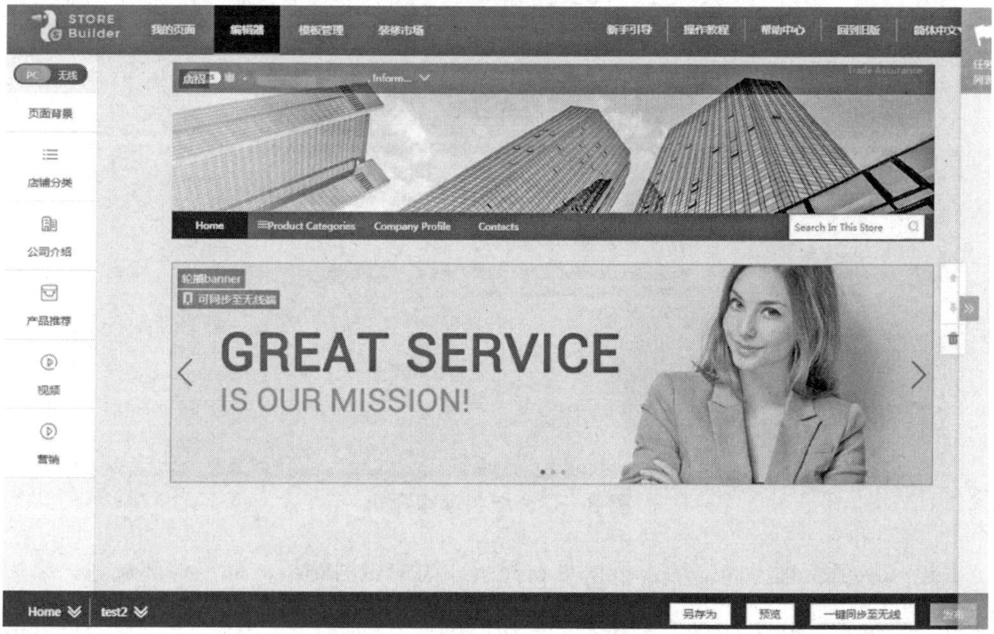

图 3-30 添加完成的“轮播 banner”

三、域名管理

使用卖家账号登录系统，进入后台后，选择“店铺管理”-“域名管理”，页面即跳转至域名管理界面，如图 3-31、图 3-32 所示。

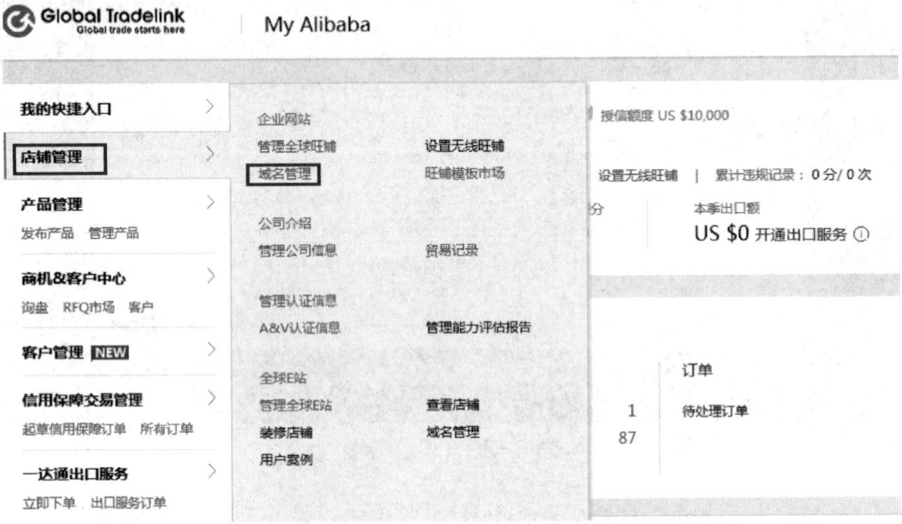

图 3-31 域名管理进入路径

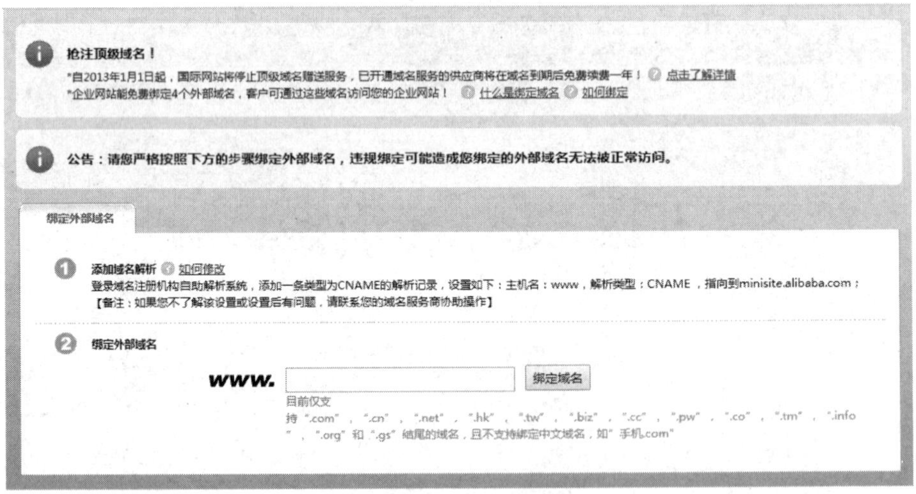

图 3-32 域名管理界面

进入域名管理界面之后，根据页面提示，添加域名解析，绑定外部域名。第一步域名解析会有最长不超过 72 小时的同步时间，外部域名到期后，绑定域名也会随之失效。绑定外部域名后，买家可通过该外部域名网站，直接访问其阿里巴巴企业网站，便于卖家进行外部宣传，企业网站最多能免费绑定 4 个外部域名。

项目小结

本项目中，选取网站建设中比较重要的账户信息和店铺管理操作进行全方位的学习。通过学习与实训，让学生了解账户信息管理的内容与操作，重点掌握全球旺铺的装修流程及方法，帮助学生在运营前期具备合格的知识和技能储备，具备网站搭建的能力。

名词解释

（1）Trade Manager：简称 TM 或者 ATM，中文称为“阿里旺旺”，主要用来和买家进行交流联系。目前 Trade Manager 已升级为“千牛”。

（2）域名：域名相当于一个网站的名字，被用作网站标志和在互联网上查找信息的捷径，如 alibaba.com。一个好的顶级域名可以使企业的网站有自己的标志，有利于被买家记住，也有利于企业形象的建立。

知识链接

旺铺装修过程中，上传背景图片后无法与模块对齐的原因主要有以下几种情况，建议逐步进行排查。

1. 目前仍在编辑器中操作，未单击“预览”确认效果

页面在前台的具体展示效果以预览 / 实际发布为准。

2. 背景图片尺寸不符

（1）背景图片建议尺寸 2000*3000px 以内，最佳宽度为 1920px。

（2）店招图片尺寸为 1200*280px，店招图片下侧有 44px 的高度将会被导航栏遮挡，设计时注意留出空间。

（3）模块宽度均为 1200px。

（4）模块与模块间的空白间隙高度为 20px。

（5）自定义区块高度不限，产品模块高度随产品标题所占高度的变化而变动，需要自行判断。

3. 添加背景图时图片框未选全，做了裁剪

如果背景图是按尺寸要求设计并添加的，应在添加产品图时将选框拉全。

4. 背景图对齐方式未居中或图片填充方式选择有误

可进入“编辑器”-“页面背景”进行检查。

项目四

产品发布与产品管理

跨境电商是企业构建的开放、多维、立体的多边经贸合作模式，极大地拓宽了企业进入国际市场的路径。对于消费者来说，跨境电商可使消费者更方便地获取其他国家的信息并购买到物美价廉的商品。在跨境电商运营中，卖家对于产品的发布与管理就显得至关重要，如何发布规格化商品，如何对商品进行有序管理等相关知识与技能也是其需要重点掌握的。

【学习目标】

知识目标

1. 了解产品信息填写的要求；

2. 了解产品分组与排序的标准；

3. 了解物流设置相关信息。

能力目标

1. 能够独立发布产品；

2. 能够对产品进行分组、排序等管理；

3. 能够通过图片银行上传图片。

【项目概述】

店铺是为产品服务的，产品发布与管理则是跨境电商运营的基本技能。那么如何设置产品发布的信息、如何设置产品物流信息、如何对发布的产品进行分组与排序管理？通过本项目的学习与训练，能够快速掌握相关知识及技能。

【项目分解】

该项目下将对阿里巴巴国际站产品发布与管理进行全方位的学习，包括产品基本信息填写、产品详细信息填写、产品交易信息设置、产品分组与排序等，让初学者能够掌握旺铺产品发布与管理的相关操作。

任务一　产品发布

卖家进入阿里巴巴国际站后台，选择“产品管理”-“发布产品”，如图 4-1 所示，进入发布产品页面。依次完成基本信息填写、产品详细信息填写、交易信息设置及物流信息设置。

一、基本信息填写

（一）选择语言市场及类目

单击“发布产品”进入选择语言市场及类目页面，可根据需要选择适合的显示语言及产品类目，如图 4-2、图 4-3 所示。

图 4-1 进入发布产品页面

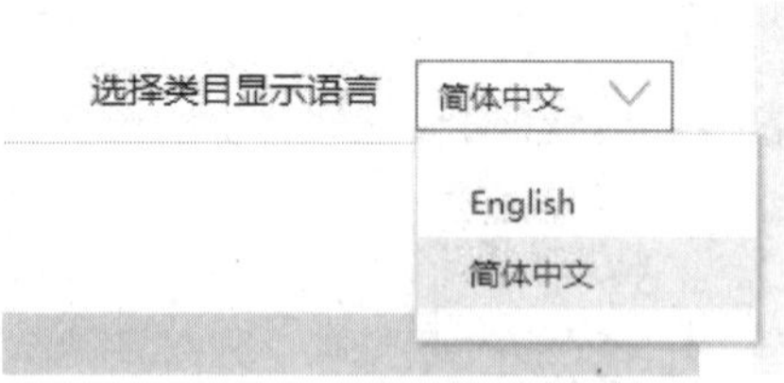

图 4-2 选择类目显示语言

图 4-3 选择产品类目

产品类目是为了对产品进行归类，如果选填不准确，不仅会降低信息的相关性，影响搜索结果，还会导致买家流失。卖家可以通过以下方式判断类目。

（1）系统推荐类目。这里将基于卖家常用的类目进行推荐，可通过参考进行判断，如图 4-4 所示。

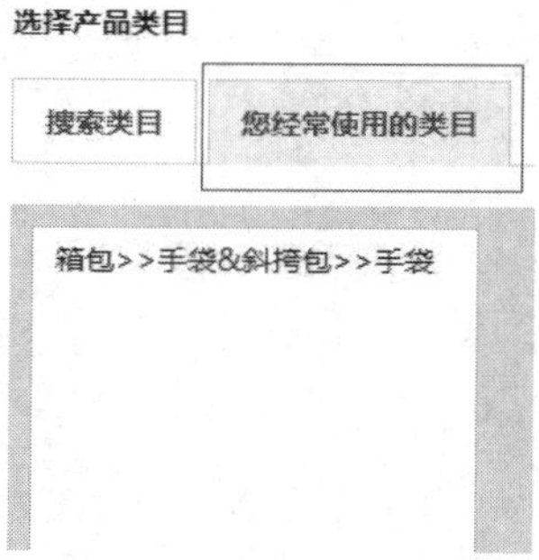
选择产品类目
搜索类目
您经常使用的类目
箱包>>手袋&斜挎包>>手袋

图 4-4 系统推荐类目

（2）产品诊断优化功能。通过后台“产品管理”-“产品诊断优先”，对产品分类进行诊断，如图 4-5 所示。

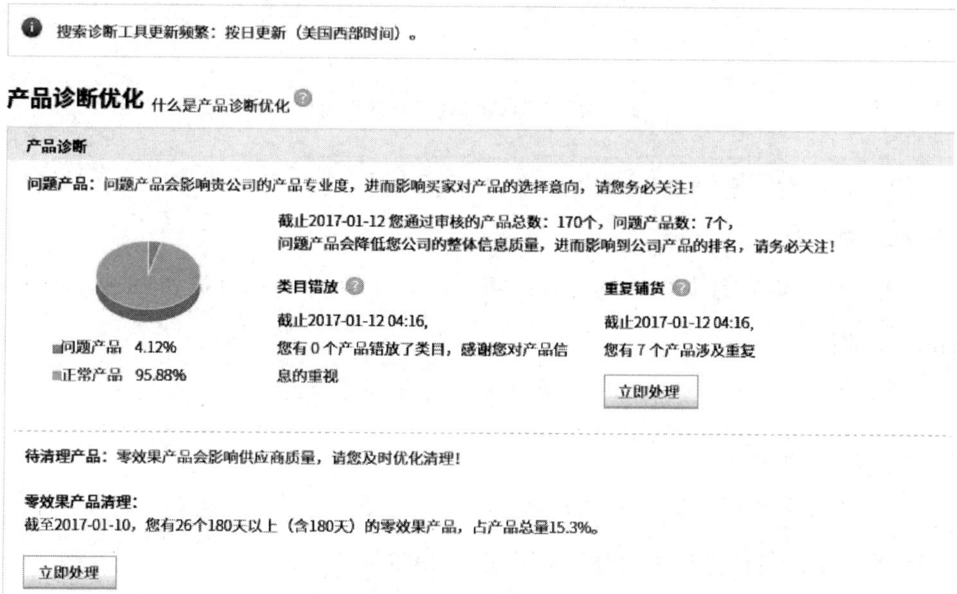
搜索诊断工具更新频繁：按日更新（美国西部时间）。
产品诊断优化 什么是产品诊断优化
产品诊断
问题产品：问题产品会影响贵公司的产品专业度，进而影响买家对产品的选择意向，请您务必关注！
截止2017-01-12 您通过审核的产品总数：170个，问题产品数：7个，
问题产品会降低您公司的整体信息质量，进而影响到公司产品的排名，请务必关注！
类目错放
截止2017-01-12 04:16,
您有 0 个产品错放了类目，感谢您对产品信息的重视
重复铺货
截止2017-01-12 04:16,
您有 7 个产品涉及重复
立即处理
问题产品 4.12%
正常产品 95.88%
待清理产品：零效果产品会影响供应商质量，请您及时优化清理！
零效果产品清理：
截至2017-01-10，您有26个180天以上（含180天）的零效果产品，占产品总量15.3%。
立即处理

图 4-5 “产品诊断优化”页面

（3）利用图片搜索的方法在几个非常有知名度的搜索引擎中搜索图片。

（二）基本信息填写

在这里需要填写产品名称、产品关键词、产品分组、型号、品牌、原产地、材质、款式及自定义属性等信息，如图 4-6 所示。

1. 产品名称

产品名称设置将决定买家是否能够精准地搜索到卖家的产品，卖家在设置时可参考以下技巧。

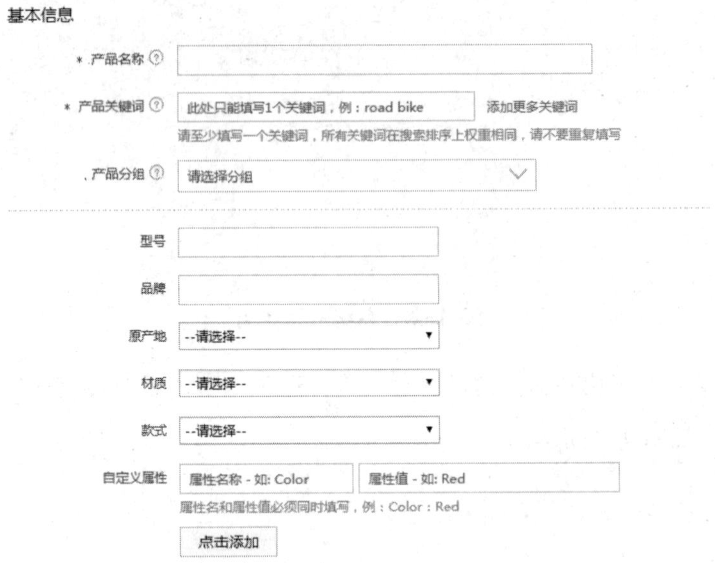

图 4-6　“基本信息”填写页面

（1）产品名称要与买家常用的搜索词有相关性，但切记不要为了买家搜索词而不断发布新产品、重复铺货。

（2）若产品名称中加入 with/for 用以凸显属性及用途，则应将核心词放在 with/for 前面。

（3）产品名称长度要适当，买家搜索词最多 50 个字符，产品名称太长会降低与买家搜索词的匹配度。

（4）产品名称不可将多个关键词进行重复累加，这样做不但不会提升产品的曝光度，反而会降低产品与买家搜索词匹配的精准度。

（5）产品名称中慎用特殊符号，如“/”“ - ”“( )”等，如需要使用应在符号前面加空格。

2. 产品关键词

产品关键词能够让机器快速识别并准确抓取进行匹配，填写时要求与产品名称不冲突，卖家在设置时应注意以下几点。

（1）选择买家常用的热门关键词，便于其快速搜索到产品。

（2）关键词不宜太长或添加公司内部产品型号。

（3）每个产品可设置三个关键词，同等重要且不分先后。

（4）关键词不区分大小写。

3. 自定义属性

自定义属性通过对产品特征及参数的标准化提炼，便于买家在属性筛选时能够快速找到产品。其填写要求如下。

（1）一个属性就是一个展示机会，尽量填全系统给出的属性，也可以通过添加自定义属性，更全面地描述产品信息。

（2）自定义属性的属性名和属性值都需要手动添加，但不可与系统属性重复，最多可以添加 10 个。

（3）产品属性不建议包含特殊符号。

二、产品详细信息填写

卖家完成基本信息填写之后，需要继续填写产品详细信息，如图 4-7 所示。

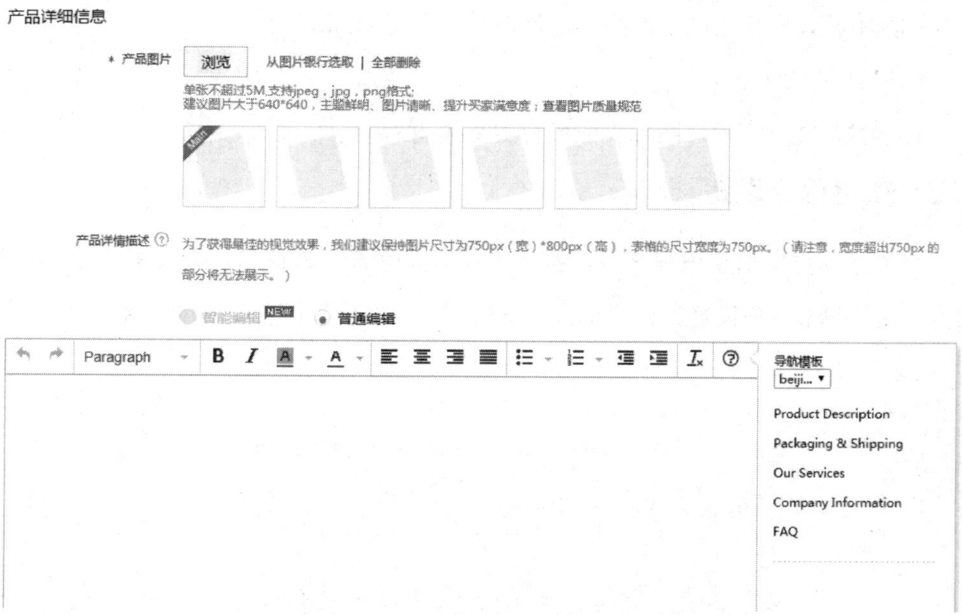

图 4-7 "产品详细信息"填写页面

1. 产品图片

产品图片可以从图片银行中选择，也可选择本地图片，单张照片不超过 5MB，支持 jpeg、jpg、png 格式。其要求如下。

（1）图片比例应在 1:1 ～ 1:1.3 或 1.3:1 ～ 1:1 之间。

（2）图片像素应大于 350px*350px。

（3）图片数量建议在 3 张以上，可以展示产品正面、背面、侧面、细节、商品标签等。

（4）图片背景应以浅色或纯色为宜，不建议采用彩色底及杂乱的背景。

2. 产品详情描述

产品表述还应写得翔实具体，层次分明、条理清楚地展示出买家关注的产品细节特征、参数、质量标准、服务、现货 / 库存情况等，可使用自带功能插入表格和图片，可在内容中添加超链接；若是普通编辑，最多可插入 15 张图片，图片像素：750px（宽）*800px（高），字符上限是 50 000 个字符；若是智能编辑，最多可插入 30 张图片，图片像素需要参照引用的具体模板要求，字符上限是 65 535 个字符。

在内容表达上，可以参考如下技巧：

（1）利用编号、段落等将内容有条理地进行展示，便于买家阅读。

（2）利用不同字体、字号凸显重要信息。

（3）利用图片生动展示产品，但最多只能上传 15 张图片。

（4）合理使用表格。

（5）慎用文字图片，图片不能代替文字描述。

三、交易信息设置

完成产品详细信息填写之后，接下来还需要完善交易信息，方便买家做出采购决定，主要包括价格设置、计量单位、支付方式、颜色等信息，如图 4-8 所示。

图 4-8 “交易信息”页面

四、物流信息、物流模板设置（一口价）

1. 物流信息设置

设置完交易信息后，继续下拉产品营销信息的填写页面，完成物流信息填写，主要包括发货时间、港口、供货能力、常规包装等信息，如图 4-9 所示。常规包装建议填写包装形式、尺寸及各类集装箱能装载的产品件数等信息，可填写 512 个字符，以便于买家了解更多产品信息。

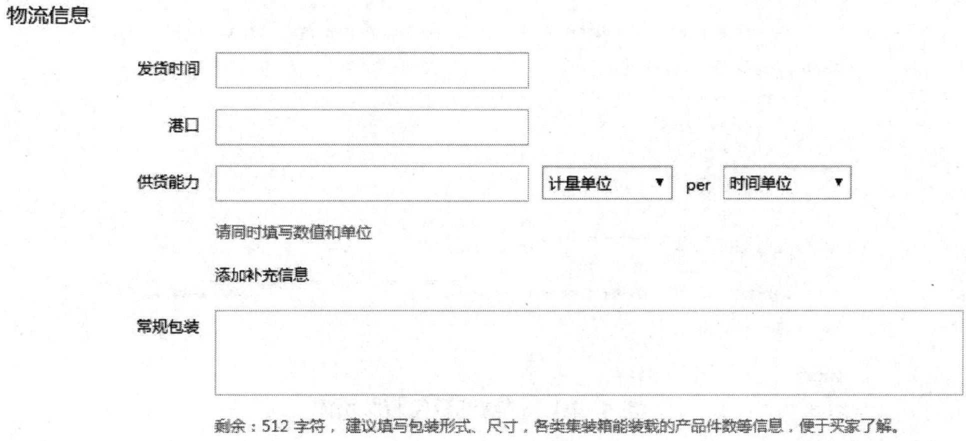

图 4-9 “物流信息”页面

2. 物流及包装设置

若在交易信息中选择了“支持”一口价，则在物流及包装模板中会出现差异化的设置，如图 4-10 所示。

这里的“每件商品外包装尺寸”“每件毛重”“运费模板”“发货期”字段属于必填项。需要注意的是，每批的产品是不可拆分的，在填写最少起订量时也应是一批的整数倍；包装方式是卖家比较关注的内容，虽然为选填项，但是建议卖家对其进行详细描述，以便提高用户转化率。

选择运费模板后，系统会帮卖家计算出到各个国家的运费金额，如果需要修改运费模板，可单击“管理运费模板”按钮，进入设置运费页面进行修改。

图 4-10 “物流及包装”页面

任务二 产品管理

卖家进入阿里巴巴国际站后台，选择“产品管理”-“管理产品”，进入产品管理页面。在这里可以查看产品列表（见图 4-11）、上下架产品等信息。

图 4-11 产品列表页面（一）

一、产品列表

在产品列表中，会显示已经发布的产品，主要包括产品名称、价格、负责人、更新时间、状态、操作等，如图 4-12 所示。

图 4-12 产品列表页面（二）

“一口价”的商品，是原“在线批发”商品，在产品列表中，会有“价”字标志；若有“橱”字标志，则表示该产品在橱窗展示。

选中商品，选择“分配给”“移动到”“刷新”“上架”“下架”“删除”等，在商品列表中对其进行相应的管理操作。

需要注意：

（1）为了保证产品优质，每个用户最多可发布 6 000 个在线批发产品。

（2）禁止线上交易的类目，以及市场规则禁止的类目，无法发布在线批发产品。

二、产品分组与排序

单击“产品管理”中的“分组管理与排序”按钮，进入“分组管理与排序”页面，如图 4-13 所示，在这里可以对产品进行分组管理与排序。

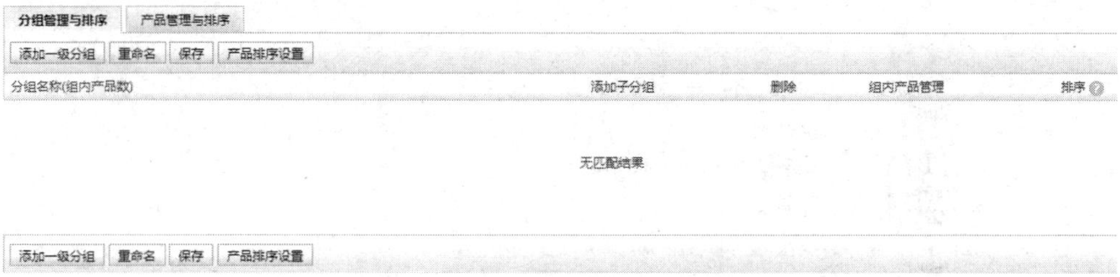

图 4-13 “分组管理与排序”页面

产品通过分组，可以使产品线更加清晰，在方便卖家管理的同时，也能方便买家搜索购买，更为卖家做个性化的营销活动提供了便利，具体操作如下。

1. 产品分组

单击“添加一级分组”按钮，并给分组进行命名。分组可根据不同行业的特点而定，需要依据卖家的搜索习惯，把握卖家关注的点。除此之外，还可以添加子分组，对不同系列产品进行细分或者编号，如图 4-14 所示。

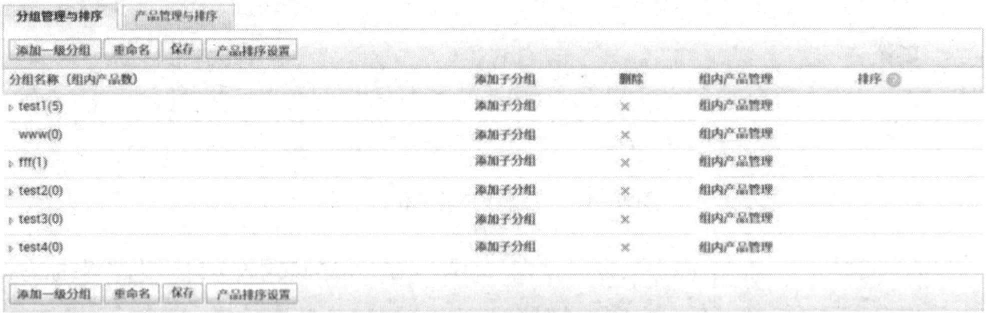

图 4-14　添加分组页面

2. 产品排序

单击“产品管理与排序”按钮，进入产品排序页面，可对已有的产品进行序号编辑和排序，具体有以下两种方式。

（1）勾选产品序号，将鼠标放置在该产品上，在排序列单击该产品，拖动鼠标，将其调至想要的位置，松开鼠标即可，如图 4-15 所示。

图 4-15　拖动鼠标排序

（2）在“编辑序号排序”下，选好需要调动的产品，改动其序号即可，如图4-16所示。

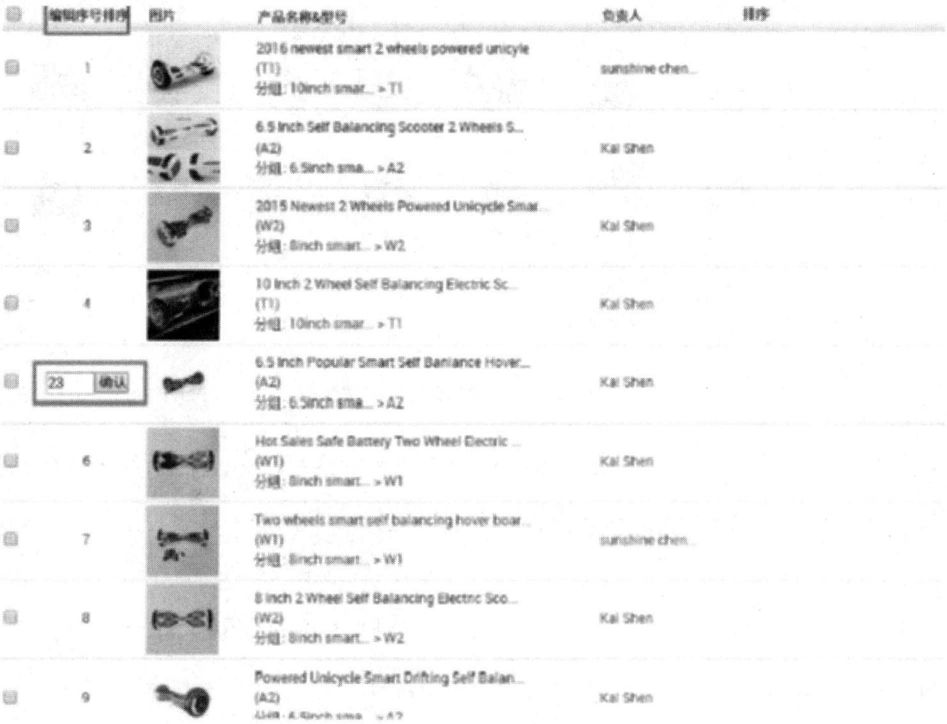

图4-16 修改序号

在进行产品排序时，可参考如下方式：

（1）促销产品分组；

（2）热门品类分组；

（3）按照所属行业常用规则的产品分组；

（4）按用途、适用人群、材质等单一维度分组；

（5）其他，放一些无法归类的商品；

（6）避免出现大量产品未分组的情况；

（7）避免组名与组内产品不符。

三、图片银行

单击“产品管理”按钮，选择工具中心的“图片银行”选项，进入该页面，如图4-17所示。

图 4-17 “图片银行”页面

单击“上传图片”按钮，可为图片银行添加新的商品图，上传图片尺寸建议为1000px*1000px 的 jpeg、jpg、png 格式。卖家可选择从本地上传，也可选择手机扫码上传，如图 4-18 所示。

上传完照片之后，勾选“给图片添加水印”，则会给每张图片添加上水印。单击“确认上传”按钮，完成图片上传到图片银行的操作。

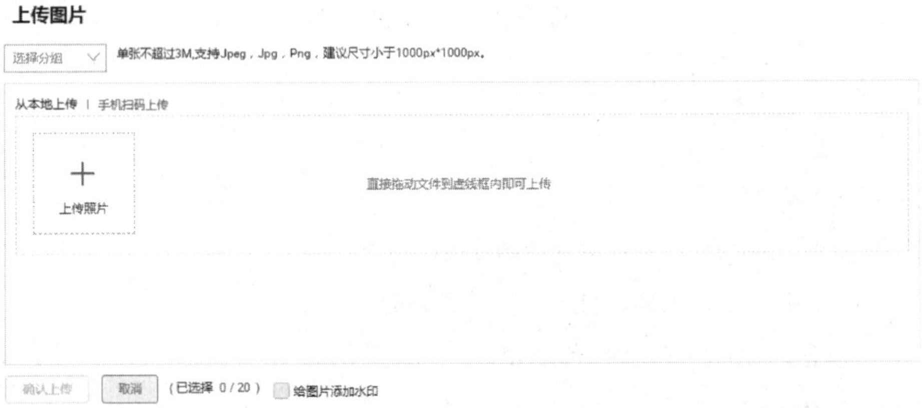

图 4-18 上传图片的两种方式

项目小结

在本项目中，以阿里巴巴国际站产品发布与管理为背景，通过对产品发布与产品管理的学习，让学生全方位了解产品信息填写、产品分组与排序、图片银行等知识，掌握上传图片、产品发布、产品分组、产品排序等技巧，最终让学生具备跨境电商产品发布与管理的岗位技能及相关职业素养。

名词解释

（1）一口价产品：是在线批发产品的升级，卖家在发布产品的时候，勾选“支持一口价”，设置好产品运费、价格等信息后，买家可以直接按顺序进行下单付款。

（2）产品组：是卖家在网上公开展示产品的一个集合，可以根据需要设置多个产品组，将同类产品放在一个产品组里面，以方便买家查看。

（3）上架产品（公共产品）：审核通过之后将展示在公司的企业网站和阿里巴巴国际站上，买家可查看并发送询盘。

（4）下架产品（私人产品）：审核通过之后不会展示在公司的企业网站和阿里巴巴国际站上。

（5）删除产品：产品进入回收站，从回收站删除后，将被彻底删除无法找回。

知识链接

产品回收站管理

单击“产品管理”按钮，选择“回收站”，进入回收站页面，如图 4-19 所示。

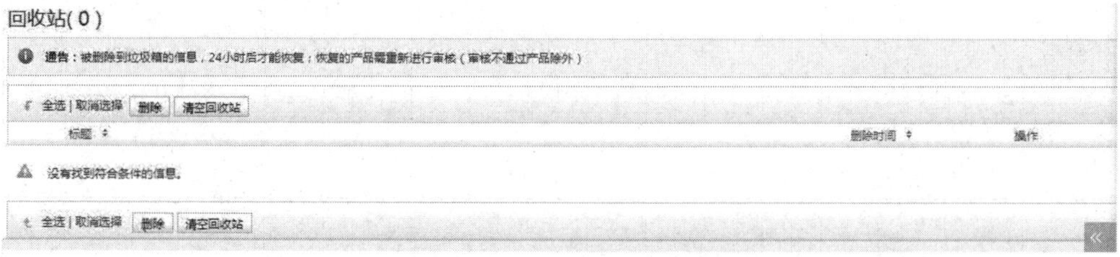

图 4-19 “回收站”页面

除了审核不通过的产品，被删除到回收站的产品，24 小时后可以恢复，但是恢复的产品需要重新进行审核，在审核通过之后才可以正常展示。

回收站里的产品，如果没有清空或者删除，则会一直保留；一旦回收站中的产品被删除或者清空，将无法再恢复。

项目五

营销中心

营销是给网店带来流量及订单的重要因素之一，也是企业经营至关重要的一步。阿里巴巴国际站平台自身有顶级展位、橱窗、外贸直通车和平台活动等多种营销方式，店铺也可以通过自主参加平台专场活动进行营销宣传，那么如何做好营销工作也成了网店成功运营的重中之重。

【学习目标】

知识目标

1. 了解阿里巴巴国际站橱窗的定义；

2. 了解阿里巴巴国际站的营销方式；

3. 了解阿里巴巴国际站平台专场活动。

能力目标

1. 掌握阿里巴巴国际站橱窗产品的设置方法；

2. 掌握阿里巴巴国际站橱窗订单的管理方法；

3. 掌握阿里巴巴国际站专场活动的报名流程。

【项目概述】

经营阿里巴巴国际站，我们需要用主推产品来吸引客户，突出产品的优势特点。添加到橱窗的产品，在同等条件下享有搜索优先排名权益，同时可在全球旺铺中做专题展示。平台活动是阿里巴巴国际站面向卖家推出的免费推广服务，它能快速实现店铺的高曝光量、高点击率、高转化率等一系列目标。接下来，这一系列知识及能力将在本项目中得到系统的学习和训练。

【项目分解】

该项目下将对阿里巴巴国际站营销方式进行学习，其中包括橱窗订单管理、橱窗产品管理、店铺内自主营销、国际站平台活动等营销方式，让初学者能够以卖家身份深入了解平台的营销方式和营销推广的操作方法，最终达到能够独立完成网店营销推广的工作目标。

任务一　橱窗

一、橱窗订单管理

（一）如何开通橱窗

一般付费会员自带的 2 组共 10 个橱窗，是不需要卖家额外操作开通的，只有以下几种情况，需要卖家额外到后台操作开通：

（1）找客户经理单独购买的橱窗产品；

（2）赠送的橱窗产品；

（3）金品诚企橱窗产品（共 40 个组橱窗，只需要操作开通其中 30 个，另外 10 个橱窗无须额外开通）。

（二）橱窗订单管理

（1）选择卖家身份，打开实训平台的“My Alibaba”首页，单击“营销中心”模块，在右方菜单中找到并单击“橱窗”按钮，如图 5-1 所示。

注：只有主账号才有权限操作开通橱窗。

图 5-1 橱窗订单管理操作入口

（2）选择“橱窗订单管理”-“待开通订单”，查看需要开通的订单，单击“开通”按钮，如图 5-2 所示。

（3）单击“开通”按钮后，在下拉日期中选择开通日期，单击“确认”按钮，即可成功开通该橱窗订单，如图 5-3 所示。

图 5-2　橱窗订单管理页面

图 5-3　订单开通时间设置

注意：赠送橱窗订单，赠送的橱窗订单请务必在签约后 90 天内设置好开通时间，如未提前设置系统将自动开通。实训平台中默认为开通后的页面，不需要进行上述开通操作。

二、橱窗产品管理

（1）打开实训平台的“My Alibaba”首页，单击“营销中心”模块，在右方菜单中找到并单击“橱窗”按钮。

（2）进入“橱窗产品管理”页面，单击“添加橱窗”按钮，如图 5-4 所示；或直接单击下方任一空白处的“请设置橱窗产品”按钮，如图 5-5 所示。

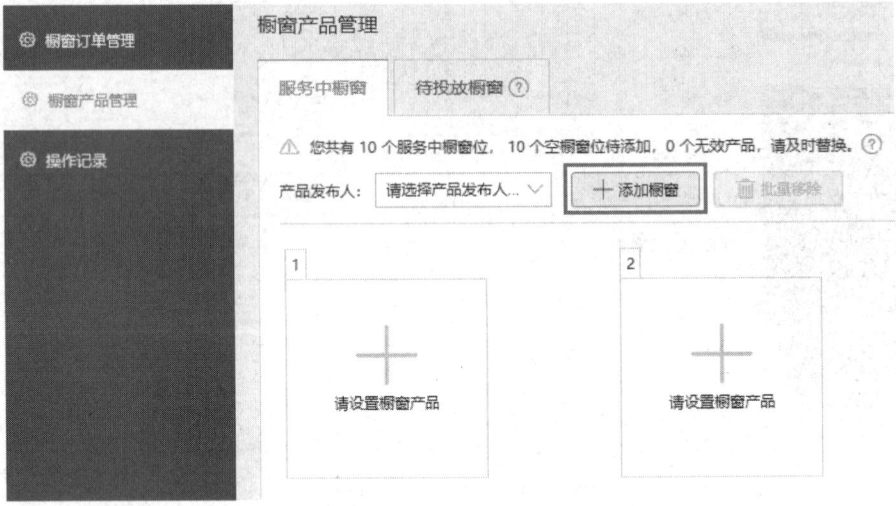

图 5-4　“添加橱窗”按钮

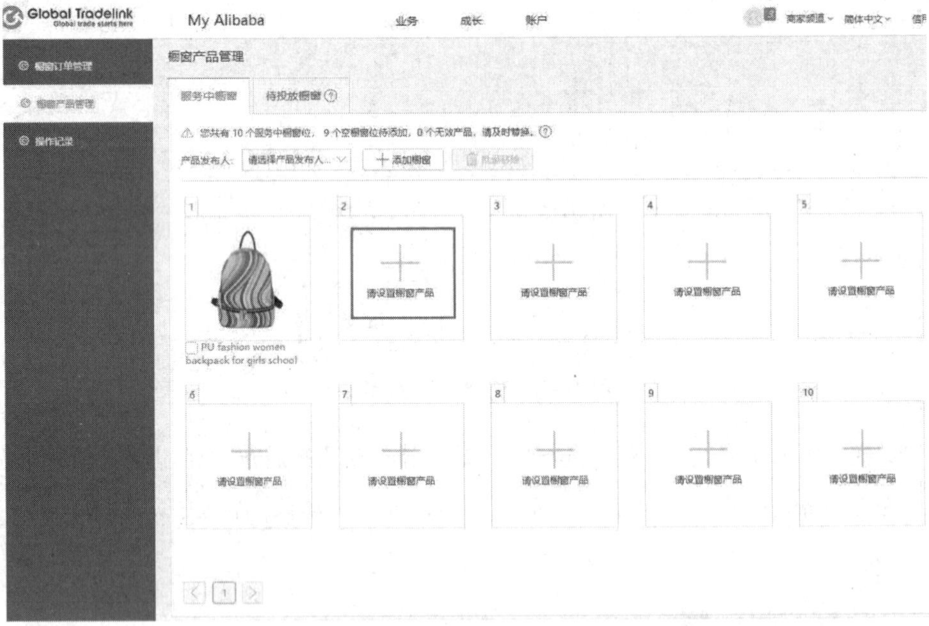

图 5-5　“请设置橱窗产品”按钮

（3）在弹出的窗口中选择“产品分组”来查找产品，选中想要推广的产品，单击“Confirm”按钮，即设置成功，如图 5-6 所示。

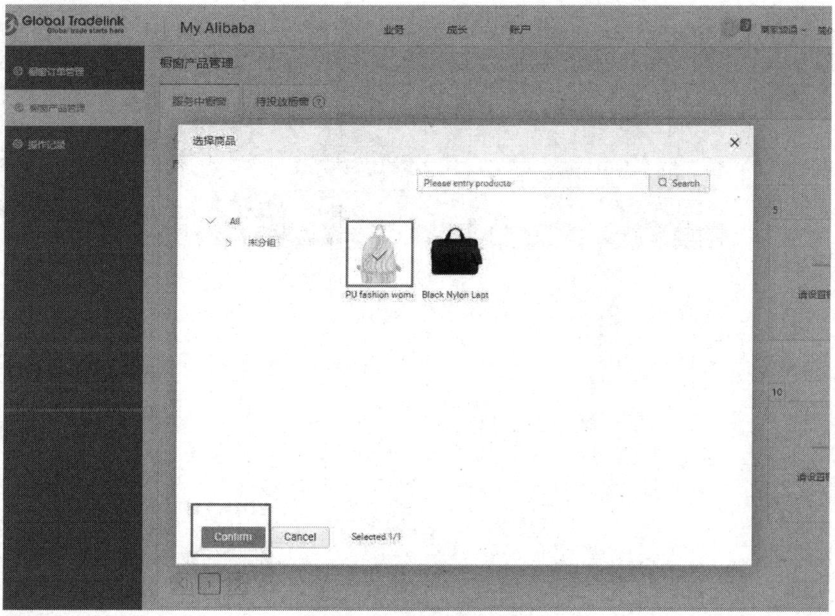

图 5-6 选择商品页面

（4）单击页面左上角的“My Alibaba”按钮返回至后台首页，在页面左侧选择“店铺管理”模块，单击“管理全球旺铺”按钮，如图 5-7 所示；进入店铺页面编辑，如图 5-8 所示。

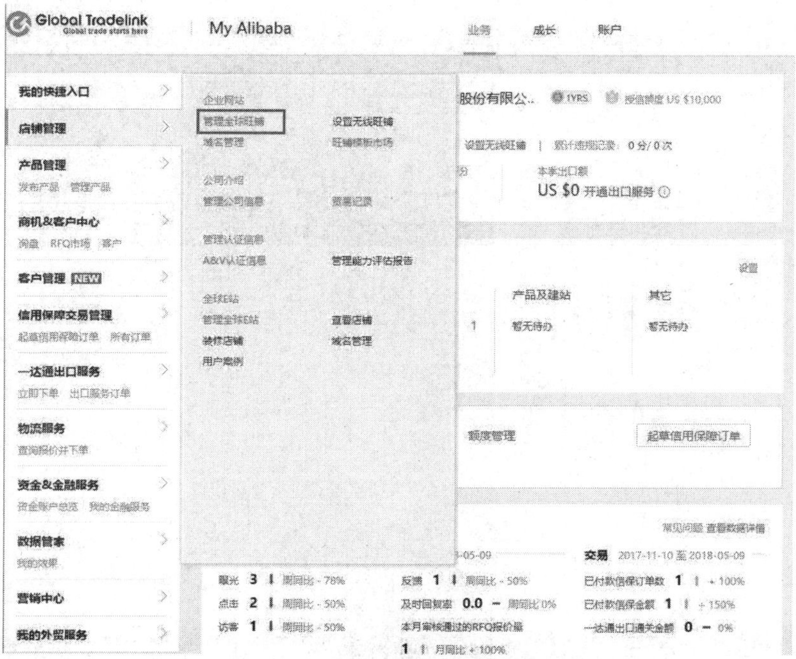

图 5-7 管理全球旺铺入口

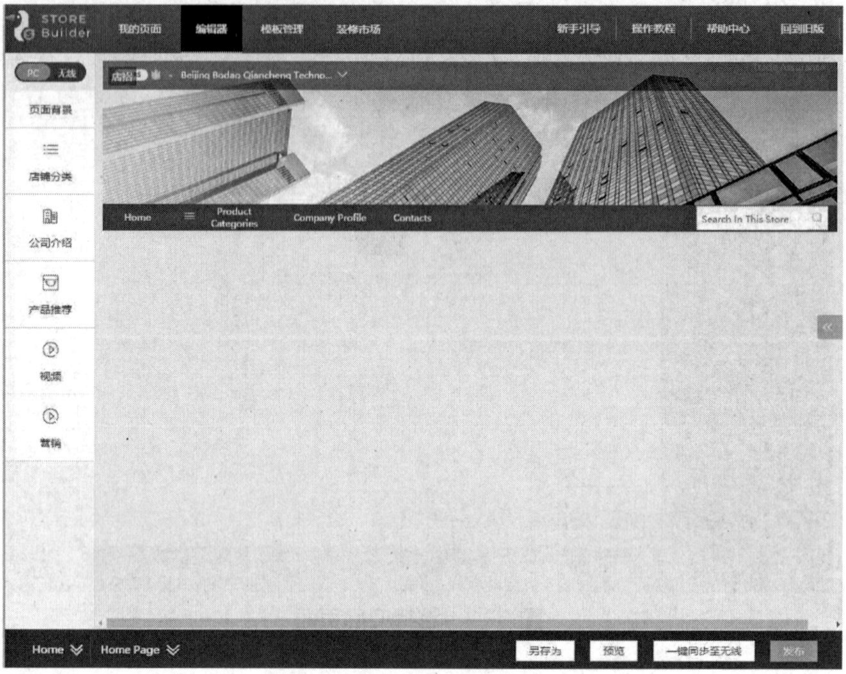

图 5-8　店铺页面编辑

（5）在页面左侧选择“产品推荐”，将“橱窗产品”组件拖拽到页面想要显示的位置，如图 5-9 和图 5-10 所示。

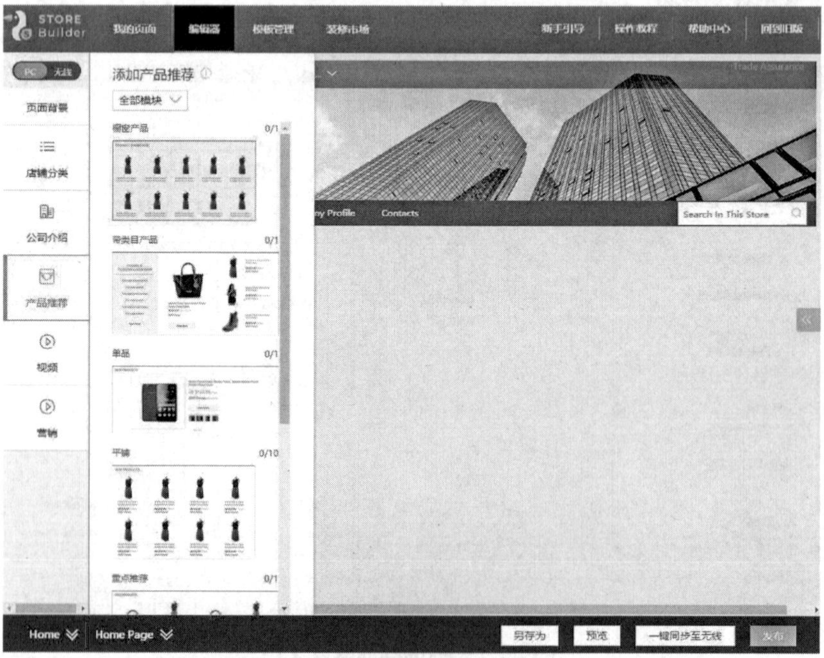

图 5-9　添加产品推荐模块（一）

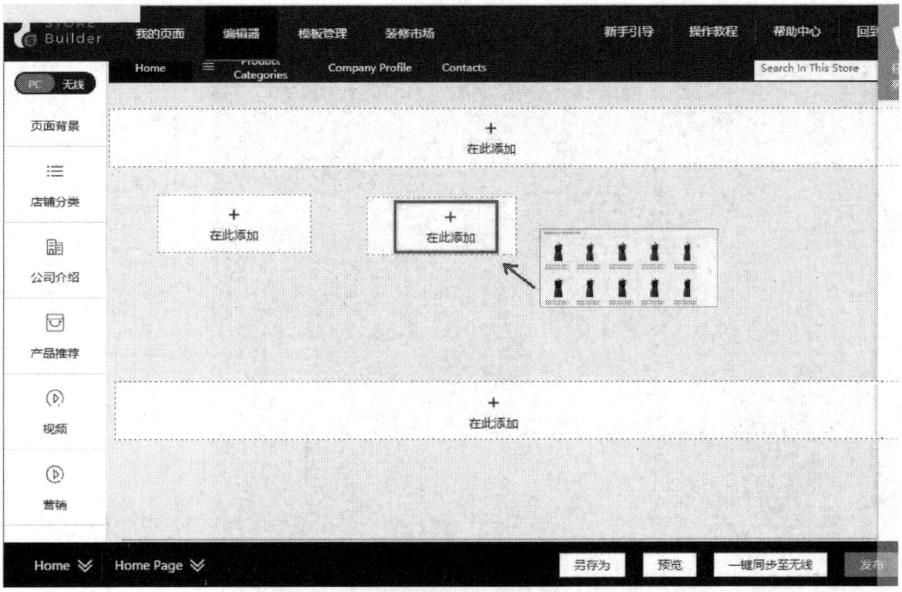

图 5-10 添加产品推荐模块（二）

（6）单击布置好的“橱窗产品”组件，在右侧弹出栏中的“设置展示数量”栏设置展示数量，然后单击“保存”按钮；在页面下方单击“发布”按钮，确定无误后单击“确定发布”按钮，即可完成橱窗产品管理，如图 5-11 至图 5-14 所示。

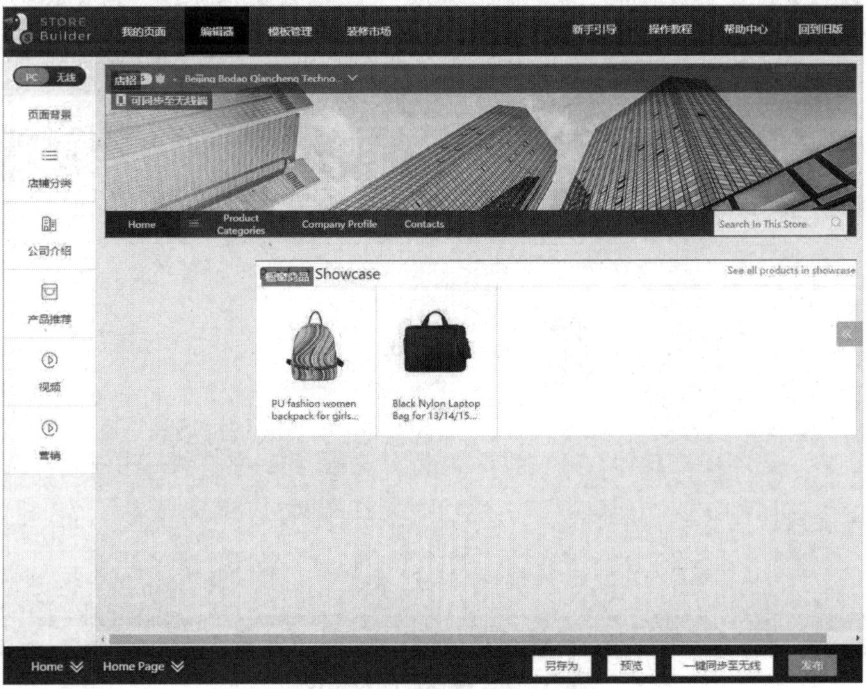

图 5-11 橱窗产品组件页面

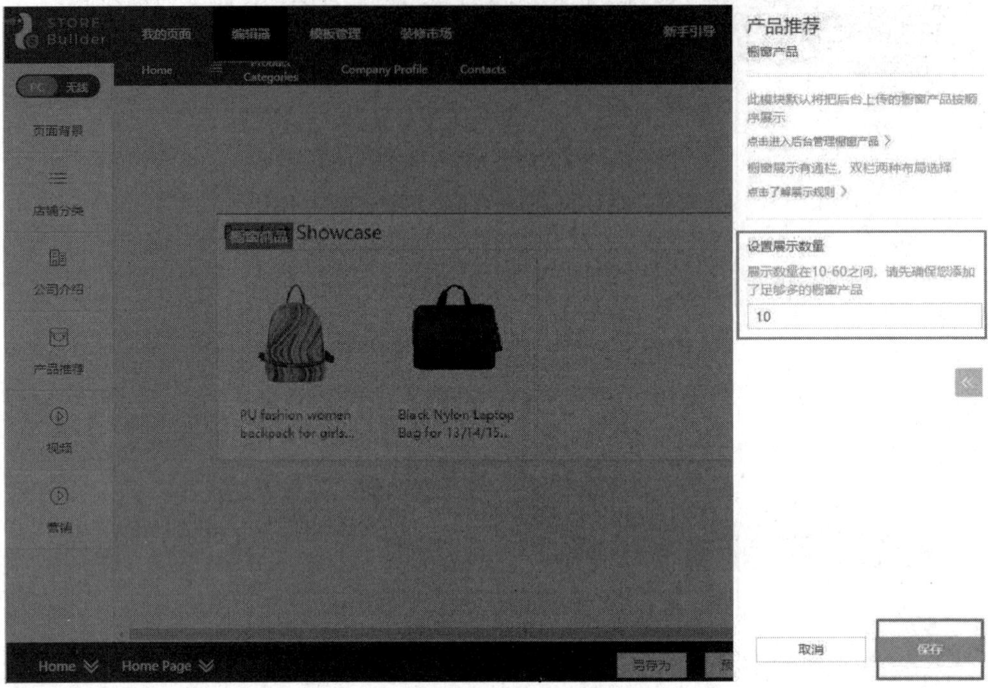

图 5-12　设置产品展示数量页面

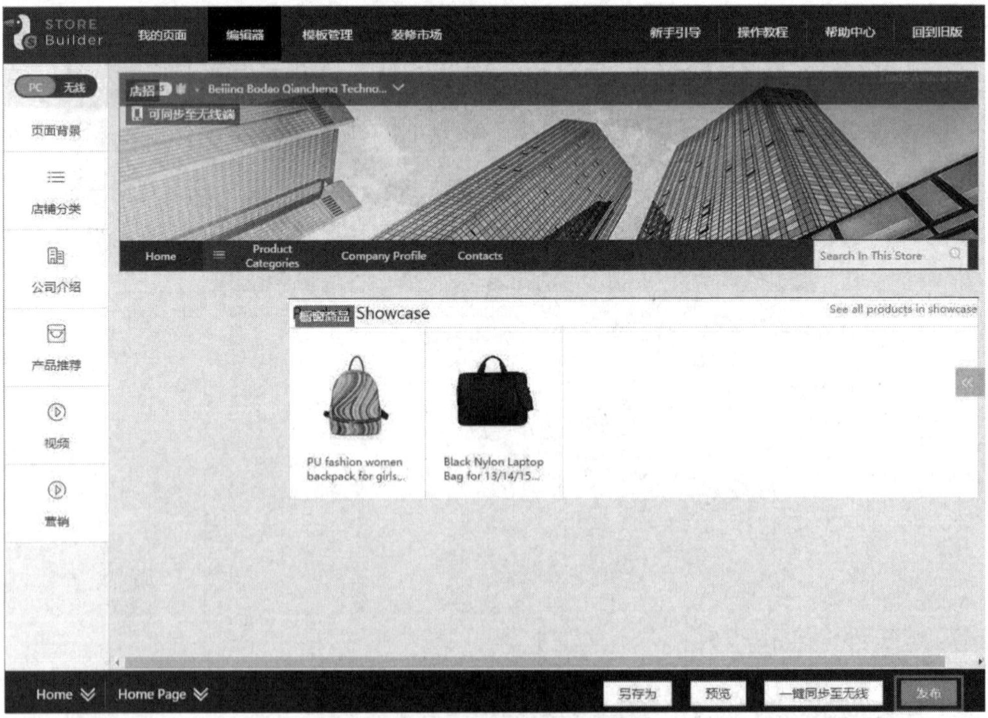

图 5-13　橱窗产品发布按钮

图 5-14 “确定发布”按钮对话框

任务二 活动营销

一、专场活动

（1）打开实训平台的“My Alibaba”首页，单击“营销中心”模块，在右方菜单中找到“活动营销中心”板块，单击“专场活动”按钮，如图 5-15 所示。

（2）选择需要参加的活动，单击“查看详情”按钮，如图 5-16 所示，进入活动介绍页面。

（3）在活动详情页中，仔细阅读活动详情和产品要求，确认可以参加活动后单击“立即报名”按钮，如图 5-17 所示；若不符合活动条件，可单击“查看所有活动”按钮返回专场活动主页。

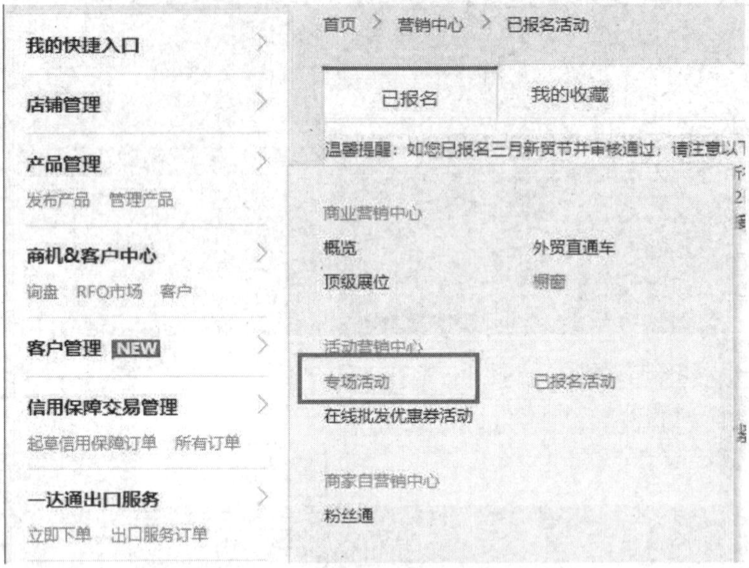

图 5-15 “专场活动”按钮页面

图 5-16 单击“查看详情”按钮

图 5-17 单击“立即报名”按钮

注意：已报名参加活动的商品，在提交报名后不能修改报名信息，建议卖家在参加活动前，先优化产品等相关信息。

二、已报名活动

（1）打开实训平台的“My Alibaba”首页，单击“营销中心”模块，在右方出现的菜单中找到“活动营销中心”板块，单击“已报名活动”按钮，如图 5-18 所示。

（2）进入已报名活动页面，单击“已报名”按钮后，下方会显示商家报名参加的所有活动，商家可以单击查看报名详情，如图 5-19 所示。

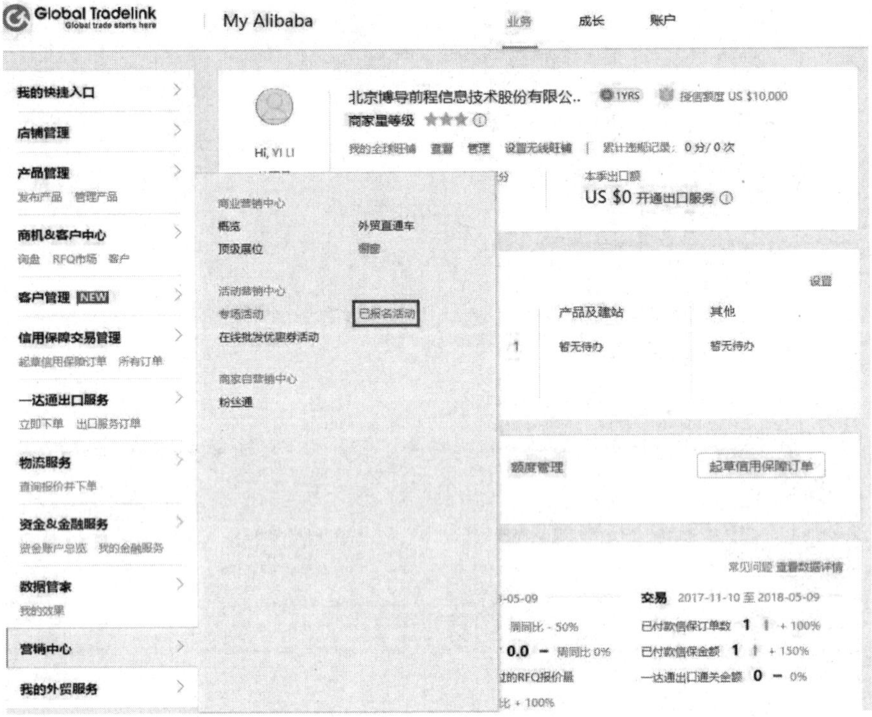

图 5-18 “已报名活动”按钮页面

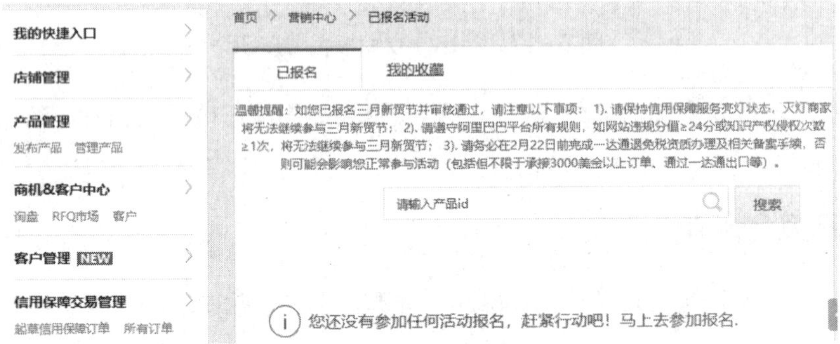

图 5-19 已报名活动查看页面

项目小结

本项目以阿里巴巴国际站网店营销工作为引导，进行阿里巴巴国际站的平台营销学习。通过本项目的学习，让学生了解国际站平台营销的方式，掌握橱窗产品的推广技巧，以及平台活动报名的操作方法。结合自身网店初期的实际情况，选择合适的营销方式，并能够进行相关的推广操作，并监测推广效果。

名词解释

（1）橱窗：即橱窗展示位，它是一种营销推广工具，商家添加到橱窗的产品，在同等条件下享有搜索优先排名权益（无额外标志），同时可在全球旺铺中做专题展示。商家可根据公司推广需求，自行选择需要推广的产品，如推广效果好的产品、新品或主打产品等。

（2）专场活动：是将网站主要活动进行展示，若供应商符合报名活动的条件即可报名参与，专场活动帮助供应商根据数据分析参与网站运营活动。卖家根据自己网店的实际情况选择需要参加的活动。

（3）已报名活动：即商家已经在国际站平台上成功报名的营销活动的展示。

知识链接

（一）如何挑选橱窗产品

首选主打产品，橱窗作为公司宣传的亮点，具有商业付费因素，能优化产品排名，为了能最大化发挥橱窗的作用，那么就应该首选公司的主打产品，若将非主打产品设置成橱窗产品，获得的效果肯定不及主打产品（主打产品：公司在阿里巴巴网站历史数据中呈现记录最多的产品，包括公司描述、产品分组、产品数、询盘数等）。

（二）如何发布高质量的橱窗产品

想要发布一条优质的橱窗产品信息，首先需要对站点的排序框架图有大致的了解，以下金字塔中各模块就代表在排序中会考虑的因素，详见图 5-20。

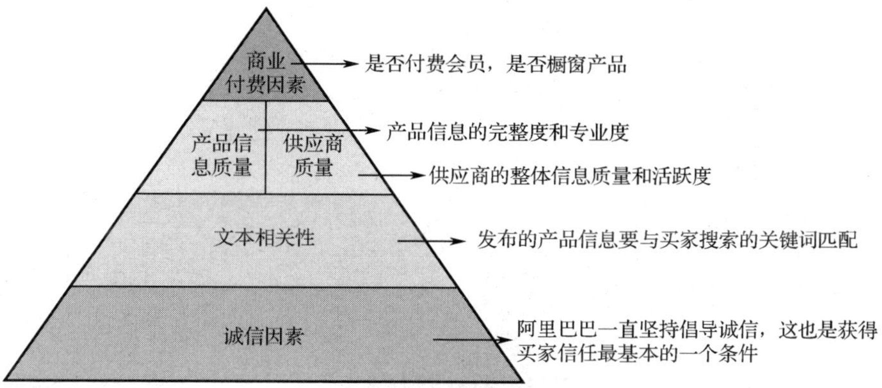
商业付费因素
是否付费会员，是否橱窗产品
产品信息质量
供应商质量
产品信息的完整度和专业度
供应商的整体信息质量和活跃度
文本相关性
发布的产品信息要与买家搜索的关键词匹配
诚信因素
阿里巴巴一直坚持倡导诚信，这也是获得买家信任最基本的一个条件

图 5-20 排序因素

1. 文本相关性

文本相关性是产品信息进入搜索的基本因素，主要包含标题相关性和类目相关性。例如：当用户输入一个关键词，如“mp3”，搜索展示的产品标题中肯定需要包含“mp3”这个关键词，类目也需要放在mp3类目下。在产品信息中单纯重复使用关键词，对产品排名无效。错误理解文本相关性，导致关键词堆砌，反而会引起产品信息质量降低，影响搜索排序，严重的会导致产品降权。

2. 供应商质量

客户可以通过公司背景信息、公司资质展现是否完整且真实可信、供应商整体的产品信息质量是否较好、在和买家的沟通过程中是否积极快速地响应、是否能够积极维护信息的有效性等几个方面判断自身供应商质量的情况。

3. 产品信息质量

完整度指供应商在发布产品时能够真实、完整地填写便于买家快速做出购买决策的项目（如标题、类目、属性、图片、详细描述、交易条件等）。专业度要求填写各项目时按照买家的信息需求及阅读习惯，并不是属性填的越多专业度就越高，将买家最关注的特征描述清楚就好。填写太多的重复信息，或不必要的自定义属性，不但不会提升完整度，反而会影响专业度。

（三）如何优化橱窗产品

1. 检查标题、类目的相关性

（1）标题不要罗列堆砌，将两个完全不同的产品写在一个标题中也是不行的。

（2）标题不要写错。

（3）类目不要放错。

2. 优化产品信息质量（属性信息的完整度、描述是否清楚、图片是否清晰）

（1）描述简单的产品。

（2）高质量的产品。

（3）高质量产品介绍一定能够让买家易于判断。

3. 整体产品信息的竞争力对比（站在买家的角度思考，比如不要有重复产品、侵权图片等）

（1）避免重复产品（发布内容、标题等不要重复）。

（2）避免侵权图片（不要盗用他人品牌及企业Logo）。

项目六

商机和客户管理

跨境电子商务高速增长的背后，除了高质量的产品、数据支撑以外，更重要的是商机和客户管理的技巧。其中，客户开发和服务技巧对促进跨境电子商务平台的交易有着很大的作用。通过提高服务技巧，商家能够给予顾客更好的体验，减少销售和物流运输过程中带来的纠纷。客户通过与客服的交流，可以了解商家的服务态度，有利于在客户心中逐步树立起良好的形象，为促进交易量奠定了基础。

【学习目标】

知识目标

1. 了解采购需求 RFQ（Request For Quotation，请求报价）的权益规则；

2. 了解发布和获取 RFQ 的方式；

3. 了解询盘的回复方式。

能力目标

1. 掌握 RFQ 发布和获取方法；

2. 掌握 RFQ 报价管理的操作；

3. 学会询盘设置的操作技巧；

4. 掌握“外贸邮”设置的方法；

5. 能够学会客户管理的操作。

【项目概述】

在跨境电商高速发展的过程中，商机和客户管理成为至关重要的一个环节。RFQ 报价管理和询盘的分配规则，可以及时跟进客户，缩短跟进时间，避免错过时机。那么，该如何掌握客户服务与管理技巧成了众多商家关心的问题。这一系列知识及能力将在本项目中得到系统的学习和训练。

【项目分解】

该项目下将对阿里巴巴国际站基本商机操作进行全方位的讲解，包括发布和获取采购需求、询盘回复和管理操作等，让初学者能够以卖家身份和买家进行技巧性的沟通，最终达成交易。

任务一　采购直达

一、RFQ 发布与获取

（一）RFQ 发布

除免费卖家账号外，其余会员类型均可发布 RFQ。目前，发布采购需求只能用英文字符填写资料，若提示有非英文字符，请再次检查输入的信息，特别是标点符号，检查是否存在中文状态下输入的情况。

发布RFQ，可以选择买家账号，登录进入“My Alibaba”—“Submit RFQ”，如图6-1所示，进入发布采购需求页面，卖家按要求填写产品信息即可。

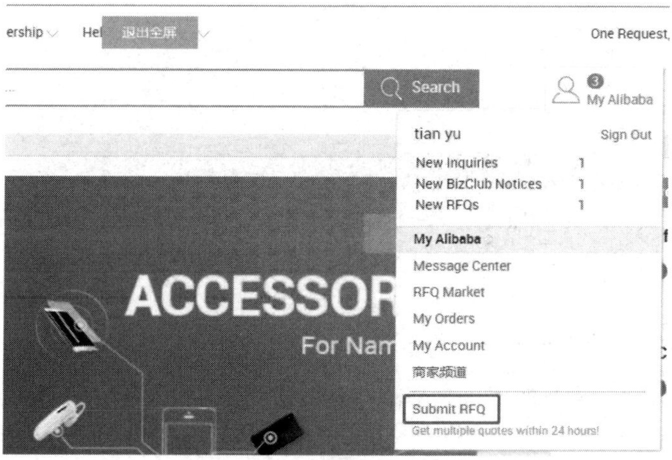

图6-1　发布采购需求入口

进入页面后，根据页面信息，填写必填项，主要包含产品名称、类目、RFQ详情、付款方式等信息，如图6-2所示，尽量保持跟自己店铺的产品信息相匹配。填写完成之后，单击“Submit RFQ”按钮进行发布，如图6-3所示。

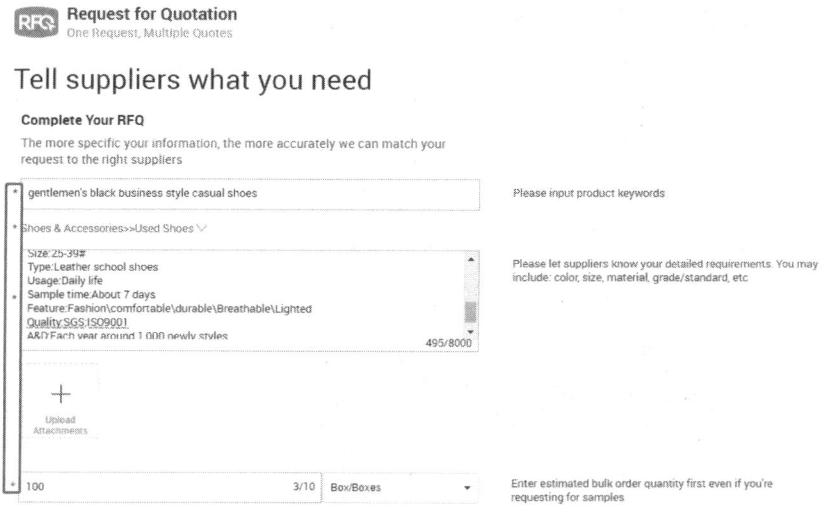

图6-2　RFQ详情填写页面

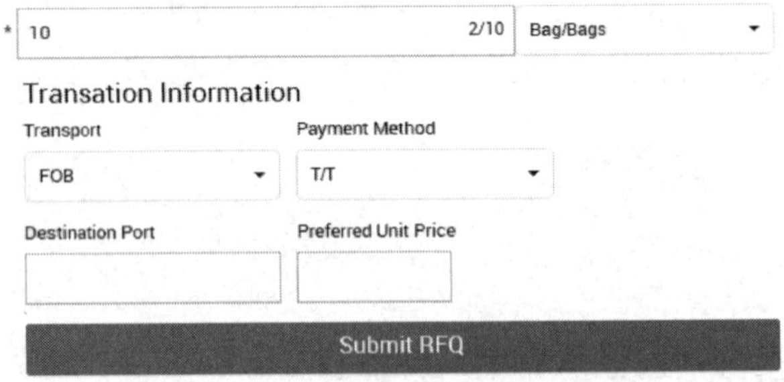

图6-3 单击“Submit RFQ”按钮

（二）RFQ 获取

RFQ 获取需要使用卖家账号，获取方式有三种：商机订阅、定制搜索、RFQ 市场搜索，接下来将详细介绍这三种不同的获取方式。

1. 商机订阅

系统会根据设置的订阅类目及关键词，结合供应商在平台上展示的主营产品、主营类目以及报价行为等信息，为供应商匹配最新的、与其产品和地区相符的 RFQ。选择“商机 & 客户中心”模块，在右侧弹出的页面中单击“商机订阅”按钮，如图 6-4 所示。

商机订阅最多可以订阅 5 个类目和 24 个关键词。

图6-4 商机订阅进入页面

2. 定制搜索

使用卖家账号进入“My Alibaba”后台，选择“商机 & 客户中心”模块，进入“RFQ 市场”，已经添加的定制搜索可以在 Sourcing 公开市场首页及搜索 List 页面中查看。

将鼠标移至“我定制的搜索”后出现下拉列表，单击关键词即可查看对应的 RFQ 搜索结果，如图 6-5 所示。

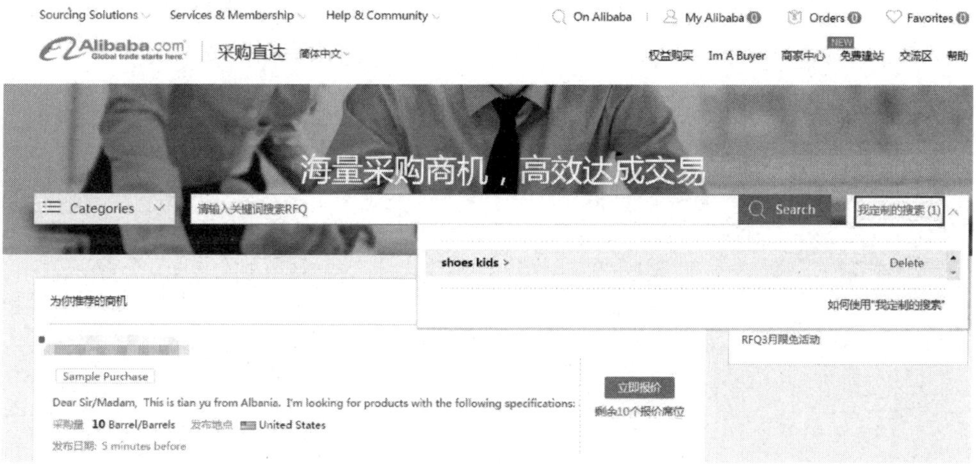

图 6-5 我定制的搜索

3.RFQ 市场搜索

与定制搜索步骤一致，进入“RFQ 市场”查看之前使用买家账号发布的 RFQ，或者直接输入网址 sourcing.alibaba.com 查询官方适合的采购需求。

二、RFQ 报价管理

（一）报价回复

在 RFQ 市场找到合适的 RFQ 之后，单击后面的“立即报价”按钮，进行报价回复，如图 6-6 所示。

图 6-6 单击“立即报价”按钮

单击“立即报价”按钮之后进入报价单的填写页面，主要内容包括产品名称、产品编号、产品细节等，如图 6-7 所示。填写完成之后，单击“提交”按钮，如图 6-8 所示。

图 6-7 报价单填写页面

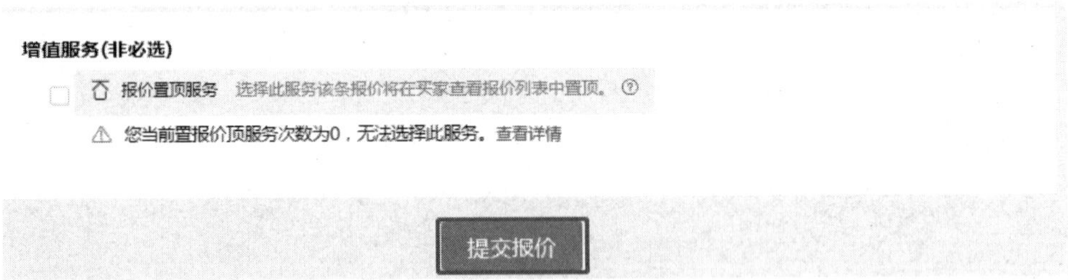

图 6-8 提交报价页面

（二）报价管理

已经报价完成的 RFQ，可以登录“My Alibaba”-“商机 & 客户中心”-“报价管理”页面进行查看，如图 6-9 所示。

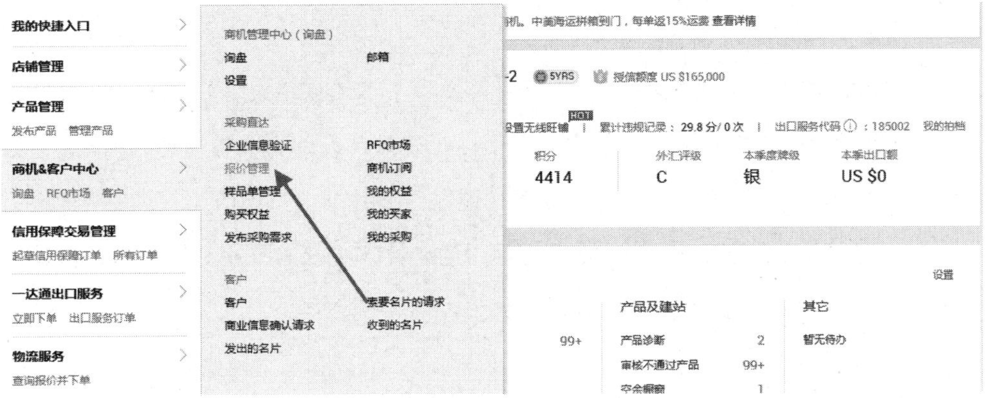

图 6-9 进入“报价管理”路径

进入“报价管理”页面后，单击对应的报价记录，然后在报价记录详情页面左上角单击“立即联系”按钮，即可查看该条报价的 RFQ 信息，如图 6-10 所示。

图 6-10 查看报价的 RFQ 信息页面

任务二 询盘

一、询盘设置

（一）过滤询盘

1. 过滤询盘

过滤开关开启后，系统会针对恶意行为、可疑内容、广告等容易引发钓鱼欺诈的风险询盘进行过滤，过滤的询盘会在垃圾询价中展示。

2. 设置黑名单

用户可选择“商机 & 客户中心”—“客户”—“黑名单设置”页面，此页面提供多维度设置黑名单客户的功能，也可以个性化选择。设置不希望收到的国家 / 地区列表，可以单击下拉列表框，选择“国家 / 地区”，并结合过滤类型（国家 / 地区、发送者 IP 地址）进行添加。当添加成功后，意味着该买家的邮箱地址或所在国家后期进来的询盘，将进入垃圾询盘。

（二）公司默认联系人

默认联系人可以设置成公司任何一个账号，但只有管理员账号才能进行设置。设置完成后，针对公司的询盘将会发送到该账号。公司联系人信息在提交修改后，页面变为灰色且不能再修改，需要经过 24 小时的审核时间后才可以再次修改。

（三）询盘分配规则

询盘分配规则包括按区域分配和按产品分配。所有询盘分配及规则设置都由管理员 / 主账号或业务经理进行操作，这里仅作了解。

1. 按区域分配

按区域分配好后，对应区域的买家发来的询盘将会被分配到对应区域的负责人。一个区域只能分配一个账号，若该区域没有负责人，则该区域的买家询盘将被分配给公司联系人，这和产品属于哪个账号没有直接关系。

2. 按产品分配

买家针对某一个产品发来的询盘，将会被分配给该产品对应的账号负责人，而买家针对公司发来的询盘，则会分配给公司联系人。此时，不论买家来自哪个区域，该买家询盘都会被分配给产品所属的账号负责人。

二、询盘回复

1. 买家发送询盘

学生以买家账号登录实训平台，在阿里巴巴国际站前台通过关键词或者公司名称，找到卖家发布的产品后，针对某一个产品，单击“Contact Supplier”按钮，如图 6-11 所示。

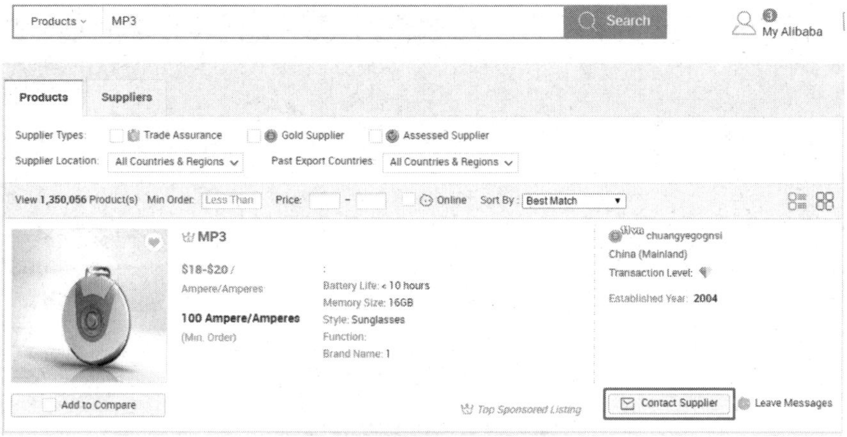

图 6-11 前台寻找产品页面

询盘内容可以发送针对产品、公司、物流、交易方式等信息的疑问。注意：需要使用英文进行编写，编写完成之后，单击“Send Inquiry Now”按钮发送，如图 6-12 所示。

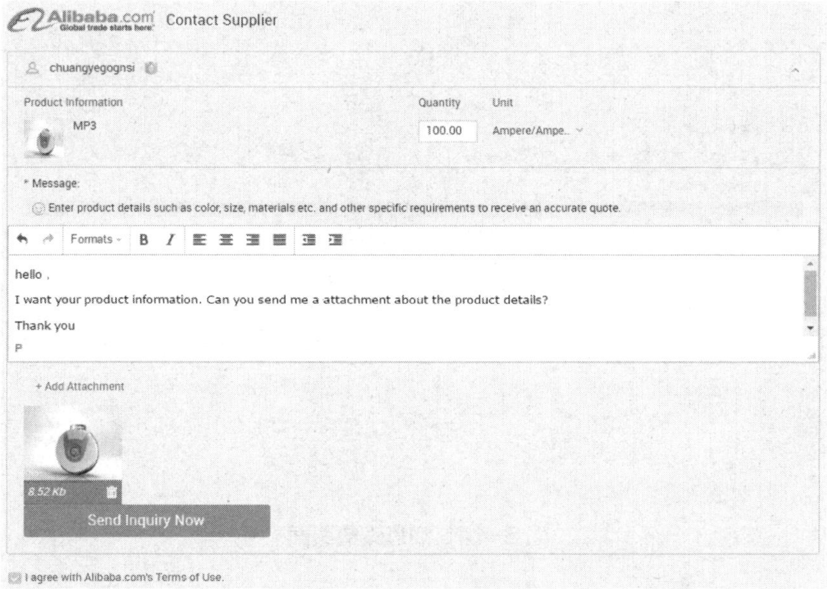

图 6-12 发送询盘页面

2. 卖家回复询盘

学生登录实训平台卖家账号，在阿里巴巴国际站后台选择“商机 & 客户中心”模块，单击“询盘”按钮，进入询盘页面，可以查看收到的询盘列表，如图 6-13 所示。

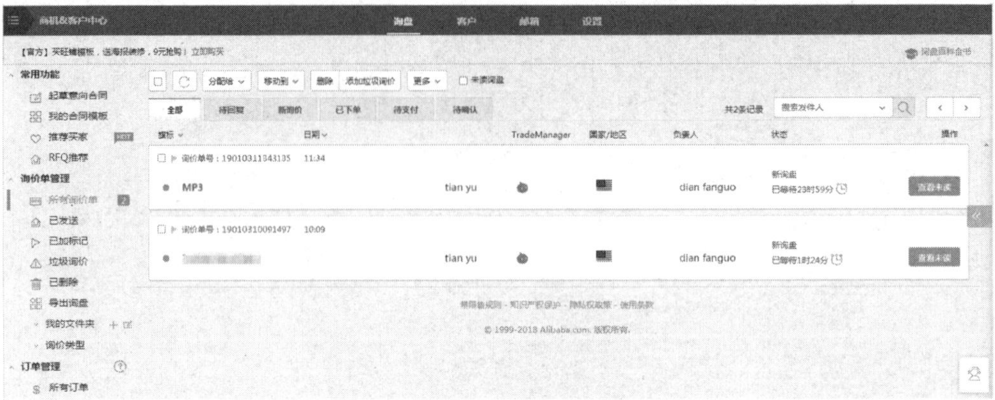

图 6-13 询盘列表页面

单击“查看未读”按钮，进入询盘详情页面，如图 6-14 所示。在该页面可以看到询盘的详情分布，左侧为买家账号的详细信息，中间为买家发询盘时填写的意向单和产品信息，右侧为买卖双方发送询盘的界面。

图 6-14 询盘详情页面

卖家在对买家的信息进行回复时，需要把握买家的心态，明确买家需要了解的内容，以便进行有针对性的回复。回复时，应注意以下几点。

（1）格式简单，版面整洁，高效回复；

（2）开头注意称谓，进行简单的问好并作自我介绍；

（3）对客户询问的问题，进行有条理的回复，并适当增加公司的信息，展示公司实力。

针对回复的主要内容，需要注意以下几个方面。

（1）公司介绍：在介绍公司时，把店铺规模、基本情况、知名客户、研发能力、认证情况全都展示出来。

（2）专业报价：根据不同国家、不同身份客户对价格敏感度的差异，卖家在报价时要做到具体情况具体对待，根据订单量、交货时间、季节、贸易术语给出个性化的报价。

（3）清晰图片：当客户要图片时，卖家一定要发送清晰的不同方位的图片，同时要注意图片容量大小，方便客户进行浏览与接收。

（4）设置签名档：把店铺的网址、电话、邮箱、店铺 Logo 做成一个签名档，高度体现店铺的专业度。

三、“外贸邮”设置

“外贸邮”是阿里巴巴为广大中小外贸企业量身打造的，集中专属买家档案、企业邮件安全为一体的外贸专用企业邮箱。若已经有独立的企业域名，则该中国供应商在阿里巴巴申请开通“外贸邮”时不会产生其他费用。若暂无独立的企业域名，则该供应商需要先在万网、网易等域名提供商处购买注册后，才能在阿里巴巴开通“外贸邮”。“外贸邮”以账号为纬度，目前邮箱容量为 15GB，“外贸邮”最多可以绑定 6 个账号（1 个主账号加 5 个子账号），一个账号最多绑定 5 个邮箱。“开通外贸邮”页面如图 6-15 所示。

图 6-15 “开通外贸邮”页面

四、客户管理

（一）“客户通”定义

“客户通”是阿里巴巴官方出品的，专注于帮助商家提升客户运营效能的平台，是针对“出口通”的会员的免费增值功能。

“客户通”包括客户分组管理、客户潜力分析、客户精准营销等功能，根据客户大数据画像，基于 Alibaba 网站客户触达渠道，通过精准匹配，帮助商家提升客户运营的效能。

（二）“客户通”功能

1. 自动建档

进入“商机 & 客户中心”模块，在“询盘”页面中，可以将旺旺客户、询盘客户一键添加到“客户通”中，单击“加为我的客户”按钮即可，如图 6-16 所示。

图 6-16　单击“加为我的客户”按钮

2. 客户资料编辑与补充

“加为我的客户”之后，客户信息会进入“客户列表”中，如图 6-17 所示，可以单击“客户信息编辑”按钮进行客户资料的修改或补充。客户编辑页面，如图 6-18 所示。

图 6-17 “客户列表”页面

图 6-18 客户信息编辑页面

3. 客户跟进

单击客户列表名称，可以进入“客户详情”页面，如图 6-19 所示，对客户最近的跟进情况进行小计，方便之后查看和回复客户。

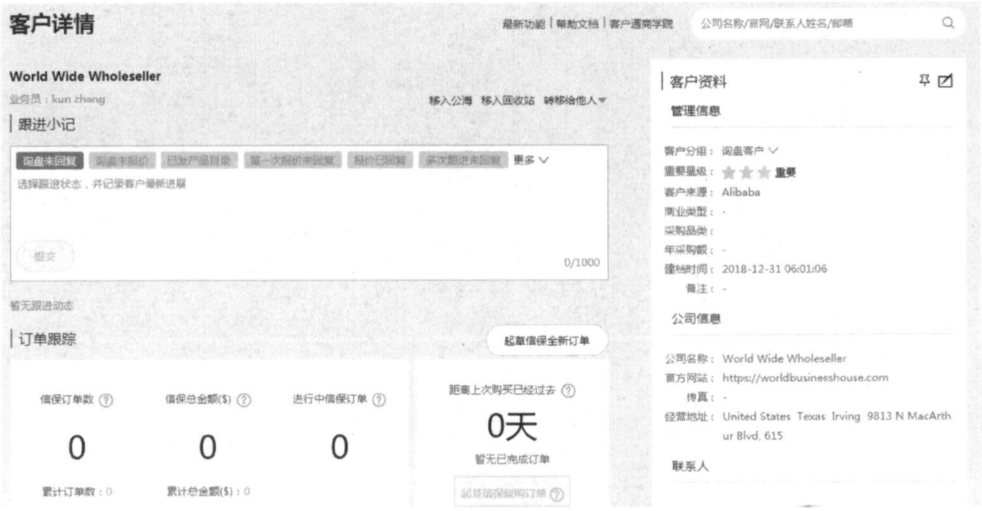

图 6-19 “客户详情”页面

（三）公海

公海即该商家内部的公共客户池，其他商家不可见；商家可以将自己不再跟进的买家移入公海，让该公司内其他想跟进此买家的人添加为自己的客户。

如果不小心将客户放入公海，可以单击“加为我的客户”按钮，将客户返回到列表中。主账号也可以将公海的客户分配给其他的子账号，业务经理可以分配给业务员。“公海”页面如图 6-20 所示。

图 6-20 “公海”页面

项目小结

在本项目中，以国际站客户管理为案例背景，通过“商机 & 客户中心”模块的学习，让学生全方位了解采购直达 RFQ 和询盘的基础知识，掌握询盘回复的方法和客户管理的技巧，培养学生独立完成与客户报价和沟通的能力，最终让学生具备跨境电商客户服务岗位技能及相关职业素养。

名词解释

（1）采购直达（RFQ，Request For Quotation）：在这个公开的大市场中，买家会主动发布采购需求，供应商可以自主挑选合适的买家进行报价。采购直达服务能够在大幅度提升买家采购效率的同时，帮助供应商更好地完成订单转化，并赢取更多高质量买家。

（2）询盘：询盘 (enquiry) 也叫咨询，是指准备购买或出售某种商品的人向潜在的供货人或买主探寻该商品的成交条件或交易的可能性的业务行为，它不具有法律上的约束力。

知识链接

（一）如何处理询盘

1. 垃圾型询盘

目标不明确，希望不是很大，可以作为练习。

2. 无明确目标型

卖家可以建立一个回复的模板，发送时稍稍改动一下称呼，就可以发出去，根本不占用时间。卖家对这类客户还是抱一点希望的，因为还不能完全清楚其真正的意图，可能有些客户不太懂得如何写邮件和交流，因此客户服务人员需要有一定的耐心。

3. 潜在客户型

（1）多引导式提问与沟通。卖家应了解客户信息，可以要客户的 skype 号等。在沟通过程中，卖家要体现专业与耐心，也许两三个月内有订单，有可能半年后才有订单，要做好打持久战的心理准备。

（2）定期关怀。卖家可以建立一个档案，把没有成交的客户信息收集一下，每隔一段时间发一些促销邮件，告诉这些客户产品现在的价格和促销信息。这样做，一方面会给客户留下深刻的印象，另一方面可以用利益来驱动客户。

（3）利用节假日发一些祝福贺卡与祝福的话，以“情”打动客户。对客户真诚，客户是可以感觉到的。

4. 目标明确型

需要第一时间回复，但并不是马上回复，卖家可根据国家时差不同，分时间来处理，最好是 24 小时内回复客户。例如，卖家早上打开邮箱，收到一个法国的询盘，完全可以在下午 14 点回复客户。针对客户提出的问题做出准确的回答，给人以有效率与专业的感觉。在回复时体现出公司的实力与诚意，让客户感觉与这家公司合作可靠、踏实。

项目七

信用保障服务

跨境电子商务高速增长的背后，除了高质量的产品、数据支撑以外，更重要的是商机和客户管理的技巧。其中，客户开发和服务技巧对促进跨境电商平台的交易有着很大的作用。通过提高服务技巧，商家能够给予顾客更好的体验，减少销售和物流过程中带来的纠纷。客户通过与客服的交流，可以了解商家的服务和态度，这有利于商家在客户心目中逐步树立良好形象，也为促进交易奠定了基础。

【学习目标】

知识目标

1. 了解信用保障服务的定义；

2. 了解信用保障服务的作用。

能力目标

1. 掌握开通信用保障服务的方法；

2. 熟悉信用保障合同内容结构；

3. 掌握卖家主动起草信用保障订单的流程。

【项目概述】

2015 年，阿里巴巴携手买家和卖家，由信息平台向信用和交易平台全面转型。调查显示，64.1% 的供应商在订单达成环节遇到买家对交易安全的担忧。信用保障服务的推出，将供应商在国际站上的行为以及真实贸易数据等信息不断沉淀，并作为其信用保障额度的累积依据，阿里巴巴在额度范围内帮助供应商向买家提供贸易安全保障，帮助买卖双方解决交易过程中的信任问题，以便快速达成订单。知道了信用保障服务的由来，那么信用保障服务对于供应商来说还有哪些好处？如何开通？如何使用？是否收费？

【项目分解】

该项目下将对阿里巴巴国际站的基本交易操作进行全方位的讲解。当了解清楚买方需求，且价格、支付方式、物流等磋商好后，卖家就可以主动起草信用保障订单。初学者分别以卖家和买家的身份进行订单的起草、付款、发货等流程的操作，并在订单结束之后，合理处理可能引发的贸易纠纷，最终顺利完成交易。

任务一　起草信用保障订单

在学生起草信用保障订单之前，需要先对信用保障订单的基础规则有一定的了解，在学习了《信用保障服务操作手册》和《信保订单的好处》后，完成《认知信用保障服务》的作答任务。完成答题之后，通过查看错题分析，对知识点进行巩固。

学生下载素材包，在了解素材中买卖双方的背景资料后，正式起草订单。

（1）进入实训中心，选择卖家账号，登录“My Alibaba”后台，在左侧业务菜单栏中选择“信用保障交易管理”，单击“起草信用保障订单”按钮，进入“信用保障订单”页面，如图 7-1 所示。

图 7-1 “信用保障订单”页面

（2）根据任务背景选择支付方式，默认为 VISA\Master card、E-checking、TT 三种支付方式。按照素材包所提供的信息，买家的支付方式为 E-checking 付款，所以支付方式可以选择不变。

（3）学生在进行买家信息填写时，邮箱部分需要填写项目二中注册的买家账号，邮箱后缀为“@gmail.com”。其他信息按照素材包中的信息进行填写。

（4）完成“添加产品”或“添加合同”中任意一项任务。在添加产品时，学生可根据所下载的素材内容进行新产品添加，也可单击“添加已发布的产品”按钮，如图 7-2 所示。在添加合同时，学生可根据任务背景自行设计并上传合同或 PI。注意：订单的总金额不要超过 5 000 美元。

图 7-2 “添加产品”页面

（5）根据买家要求，填写“运输条款”“支付条款”等信息。根据实训平台，目前出口方式只能选择“不使用一达通报关出口”，因此起草的订单总金额（产品价格和运费价格）不能超过 5 000 美元。“运输条款”页面如图 7-3 所示。

图 7-3　“运输条款”页面

（6）完成支付条款信息的填写。系统会自动生成订单的总价，学生需要填写或选择预付款金额，不需要勾选“发货前验货”服务，“支付条款”页面和“产品检验服务”页面如图 7-4 所示。

图 7-4　“支付条款”和“产品检验服务”页面

（7）仔细检查填写的所有信息，确认无误后，单击“提交订单”按钮，即完成该任务，如图 7-5 所示。完成任务后可以在所有订单页面单击“查看订单”按钮，查看起草的信用保障合同。

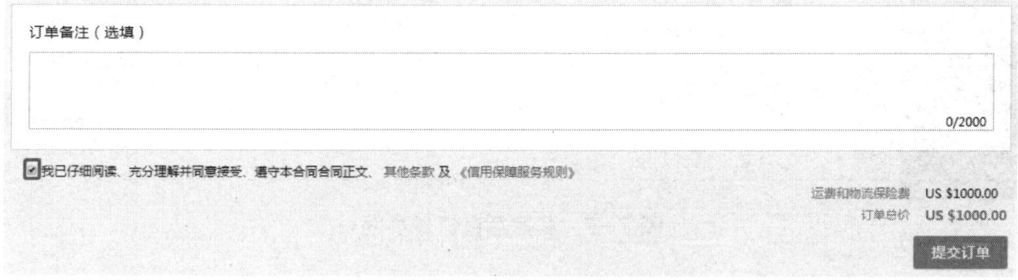

图 7-5 单击“提交订单”按钮

任务二 订单管理

一、买家申请修改信用保障订单

卖家起草信用保障订单完成之后，接下来需要切换买家账号进行订单的付款。返回实训中心选择角色页面，选择左侧“买家”账号登录，进入国际站前台界面，轻触“My Alibaba”，在下拉菜单中单击“My Orders”按钮，如图 7-6 所示。

图 7-6 单击“My Order”按钮

单击“My Orders”按钮之后，会直接进入买家的所有订单后台页面，如图 7-7 所示。如果在起草订单时，买家的邮箱写错，则该页面不显示订单，这时需要返回实训中心，以卖家身份进入后，重新起草信用保障订单。

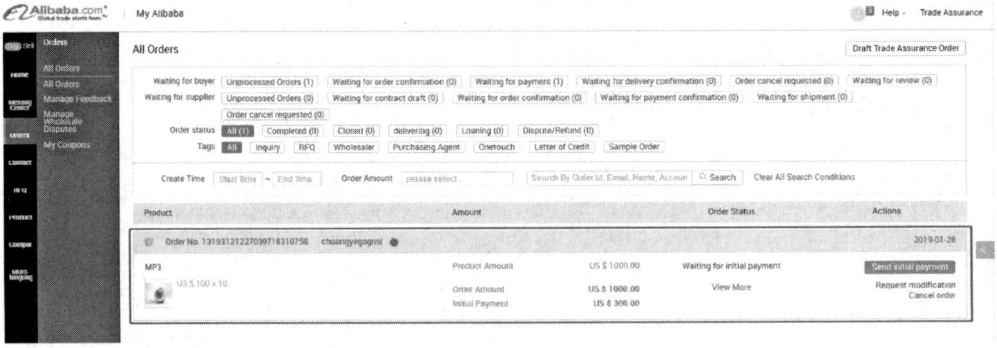

图 7–7 买家后台订单页面

如果卖家在起草订单过程中填写的订单信息与买家要求不一致，买家可以单击订单页面中的“Request modification”按钮，提交订单修改的申请，或者单击“Cancel order”按钮取消订单。接下来，我们将进行订单修改的实训任务操作。

买家单击订单页面中的“Request modification”按钮，弹出订单修改对话框，在页面中输入需要修改的内容，如图 7–8 所示。

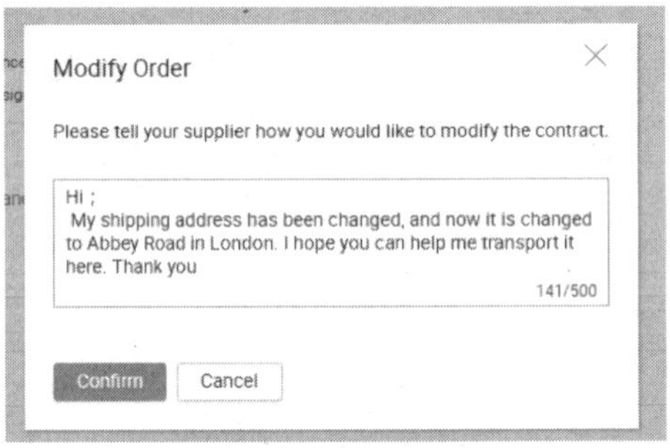
Modify Order
Please tell your supplier how you would like to modify the contract.
Hi ;
My shipping address has been changed, and now it is changed to Abbey Road in London. I hope you can help me transport it here. Thank you
141/500
Confirm
Cancel

图 7–8 订单修改对话框

填写完成之后，单击“Confirm”按钮，信息可以同步到卖家后台。

切换卖家身份登录订单后台，在“所有订单”页面找到该订单，在订单详情页面弹出的“买家请求修改订单”中了解修改内容，单击“我知道了”按钮，即同意买家的修改申请，如图 7–9 所示。

在订单详情页面中单击“修改订单”按钮，进行买家收货地址的修改，如图 7–10 所示。

在订单修改页面，单击“运输条款”模块下“收货地址”的“编辑”按钮，在弹出的“编辑收货地址”对话框中修改地址信息，确认信息填写无误后，单击“提交”按钮，完成收货地址的修改，如图 7–11 所示。然后，在订单修改页面最下方，单击“提交”按钮，即可完成该任务。

图 7-9 “买家请求修改订单”对话框

图 7-10 修改买家收货地址页面

图 7-11 “编辑收货地址”对话框

返回买家界面，单击“View More”按钮，进入订单详情页面，可以查看到卖家已经修改订单的通知，单击“OK”按钮即完成修改订单，如图 7-12 所示。

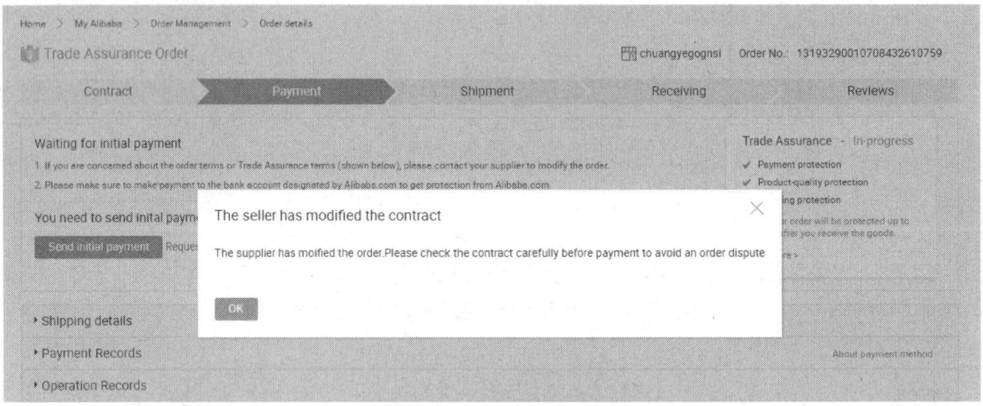

图 7-12　完成修改订单

二、买家付款操作

确定订单信息无误之后，单击“Send initial payment”按钮，进入付款页面，完成订单预付款支付，如图 7-13 所示（由于是模拟平台，直接单击“确认”按钮，即可支付成功）。

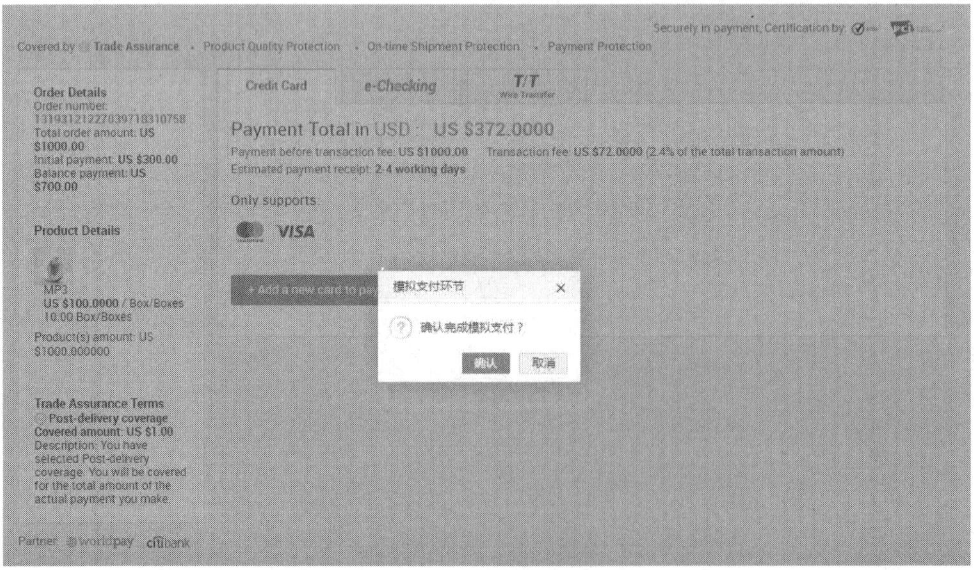

图 7-13　付款页面

买家单击“确认”按钮后，页面会在 3 秒后显示付款成功，买家可以在订单详情页面查看到订单预付款支付详情。订单状态变为待卖家发货状态，如图 7-14 所示。

在该状态下，买家仍然可以提交订单的修改申请或进行继续支付尾款的操作。

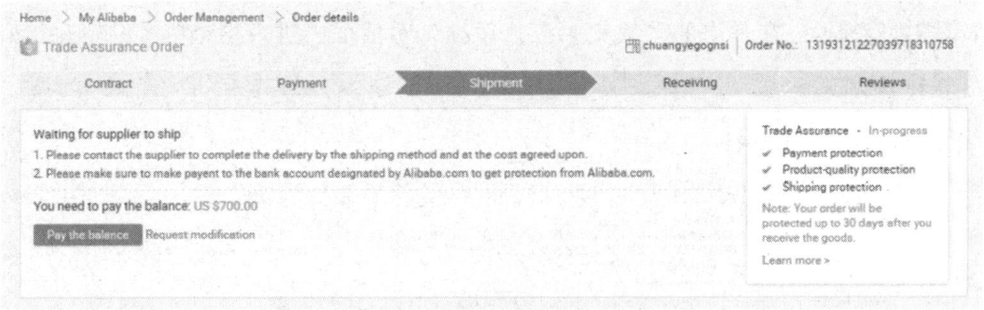

图 7-14 待卖家发货页面（买家页面）

三、卖家发货

选择卖家身份进入“My Alibaba”后台，选择“信用保障交易管理”-“所有订单”，可以看到买家已经支付预付款，订单状态为待卖家发货状态，如图 7-15 所示。

图 7-15 待卖家发货页面（卖家页面）

单击“修改订单”下拉菜单中的“去发货”按钮，如图 7-16 所示。

图 7-16 单击“去发货”按钮

单击“去发货”按钮之后，进入起草物流订单页面，选择“提交线下发货凭证”，如图 7-17 所示。在弹出的“提交第三方凭证”对话框中进行物流单号的填写，如图 7-18 所示。

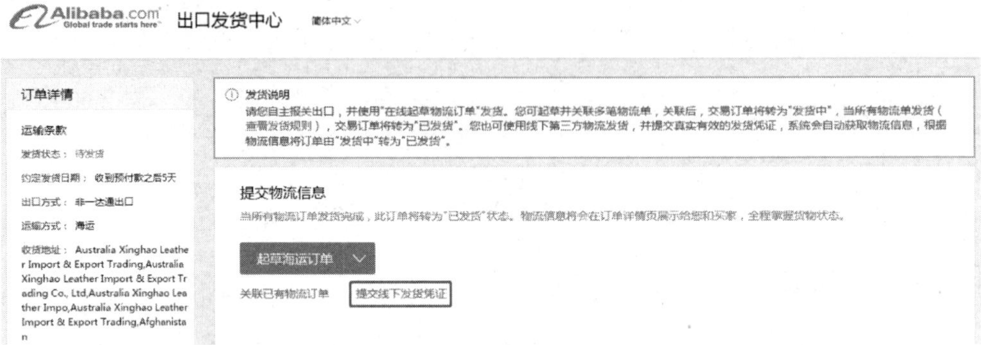

图 7-17 选择“提交线下发货凭证”

图 7-18 “提交第三方凭证”对话框

选择“物流承运商”，填写“物流单号”，上传“物流凭证”（上传任意图片即可），填写完成之后，单击“确定”按钮，可以查看上传的物流信息，如图 7-19 所示。如果上传的信息有误，可以单击页面右侧的“修改凭证 / 删除凭证”按钮进行修改，订单的状态也会变为“已发货”。

卖家完成发货之后，选择买家账号登录到订单页面，查看订单状态。如果在起草订单时候非全款支付，而是分为预付款和尾款两部分进行支付，则需要买家单击“Pay the balance”按钮进行尾款支付，如图 7-20 所示，操作方式与支付预付款一致。

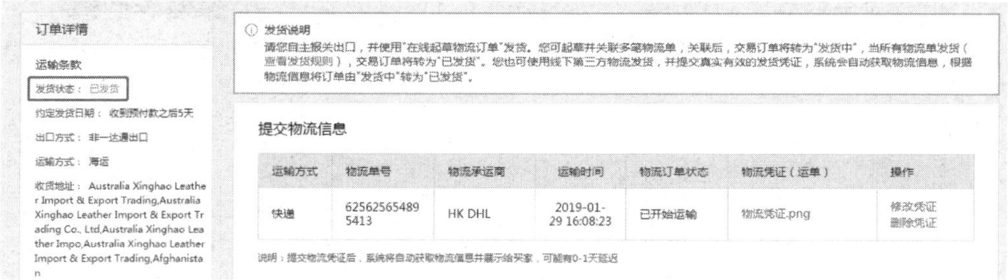

图 7-19 查看上传的物流信息

图 7-20 支付尾款

四、订单评价

支付完成，等待 2～3 分钟后刷新页面，单击订单状态下的“View More”按钮，查看订单详情页面，可以看到订单状态变为“Receiving”，即待买家确认收货状态。单击“Confirm receipt”确认收货，如图 7-21 所示。之后进入评价页面。

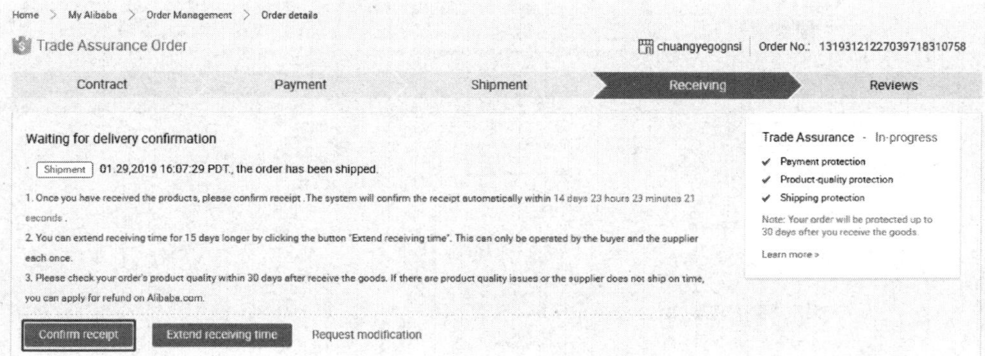

图 7-21 待卖家确认收货页面

在订单评价页面中可对供应商的服务、运输时效、产品质量等做出评价，完成后单击页面下方的“Submit”按钮，如图 7-22 所示，完成信用保障订单评价，即完成该任务。

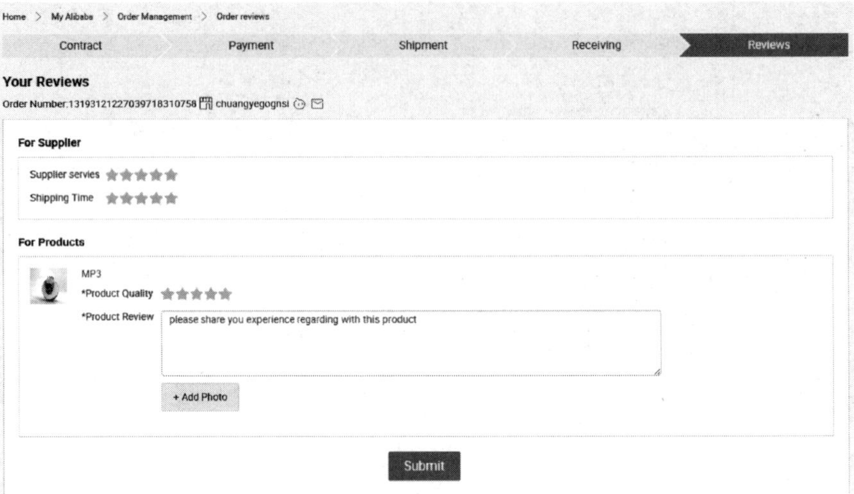

图 7-22 订单评价页面

买家评价完成之后，卖家可以对买家的评价进行回评，并且只有一次回评机会。选择卖家身份进入后台，选择“信用保障交易管理”模块，在右侧弹出的界面中单击“评价管理”按钮，如图 7-23 所示，之后进入“评价管理”页面，如图 7-24 所示。卖家可以在此处对买家的评价进行回复。

图 7-23 “评价管理”进入界面

首页 > 信用保障交易管理 > 评价管理
评价管理
评价规则
1．买家留评后的30天内，您可以回复买家的评论或者联系买家修改评论内容（每个订单买家仅有一次修改机会）
2．当买家的评论内容具有侵犯性用词，您可以在买家留评后的7天内向阿里巴巴平台发起申诉，联系服务申诉。
3. 若买家修改了评论，您也将获得一次修改回复的机会（30天后失效）
最近30天评价
订单号：
13193121227039718310758
最近更新时间：2019-01-29 16:49:57
平台认定
平台认定 平台认定
买家评论
产品质量评价:3.5
产品评价信息:good seller and goods
你的回复:
回复

图 7-24 “评价管理”页面

五、贸易纠纷处理

跨境贸易由于文化风俗、国家法律法规的差异，容易造成一些摩擦，尤其跨国交易时间长、空间距离远、客观上容易出现偏差，导致贸易纠纷或交易失败，对买卖双方造成损失，因此，卖家积极学习多国贸易规则以及阿里巴巴贸易纠纷处理方法，对解除交易过程中买卖双方的交易误解，进而规避纠纷投诉十分必要。

在阿里巴巴国际站的贸易纠纷过程中，根据是否由阿里平台介入仲裁，可以分为不同的阶段。

1. 协商期

买家提交纠纷后会先进入协商期，在协商期的纠纷需要卖家积极响应，可以同意或提出新方案，响应后耐心等待买家回应。如果买家超过 7 天不响应，纠纷会自动关闭；如果在买家提起纠纷 3 天后，买卖双方经多次协商仍未达成一致，也可以主动申请阿里巴巴介入。退款申请发起后 30 天未达成一致或撤销，则自动升级仲裁。

2. 仲裁期

平台介入后会根据买卖双方举证的内容进一步取证仲裁。若需要卖家举证，请在 3 天内补充证据，逾期未举证，系统会要求小二介入，而小二介入率会影响供应商能力分。若需要买家补充证据，卖家保持关注就可以，如果仲裁阶段买家超过 3 天不进行举证，纠纷会被自动关闭。

小二介入之后，会联系双方取证或者协商解决方案，卖家可以做的就是积极配合举证，尽量与买家协商解决。处理基本原则参考如下。

（1）针对未如期发货问题：根据信用保障服务规则及合同约定的发货期判定买

卖家责任。

（2）针对产品质量问题：若在收货后30天内对产品质量仍有疑义（这里的收货是指手动确认收货或系统自动确认收货），买家可以向阿里巴巴验货平台提起验货查验请求，根据信用保障服务规则、合同约定的产品质量标准及第三方验货公司（BV、TUV、SGS）出具的验货报告判定买卖家责任。验货费用先由买家付款，最后由责任方承担。

学生在了解国际贸易纠纷类型和处理规则等基础知识之后，完成《国际贸易投诉及纠纷处理》作答任务。

项目小结

在本项目中，以国际站信用保障订单为案例背景，结合信用保障订单从起草到纠纷的实训，让学生全方位了解信用保障订单的基础知识，能够独立进行信用保障订单的起草、修改、发货，并能够以买家身份对订单进行支付、确认收货等操作，最终能够对订单可能引发的纠纷进行及时处理。

名词解释

（1）信用保障服务：Trade Assurance，全球第一个跨境B2B中立的第三方交易担保服务平台。该服务是由阿里巴巴国际站根据用户真实贸易数据，为使用者评估一个信用保障额度，帮助买卖双方解决交易过程中的信任问题，为买卖双方提供贸易安全保障及服务。

（2）在线批发订单：Secure Payment，是阿里巴巴国际站针对国际贸易提供的交易资金安全保障的服务，它联合第三方支付平台Alipay提供在线上交易资金支付的安全保障，同时保护买卖家从事在线交易，并解决交易中的资金纠纷问题。

知识链接

（一）信用保障额度

1. 信用保障额度

信用保障额度是阿里巴巴根据供应商在国际站上的行为以及真实贸易数据等信

息给供应商背书的额度，阿里巴巴在额度范围内帮助供应商向买家提供贸易安全保障，帮助买卖双方解决交易过程中的信任问题，快速达成订单。

额度是一个虚拟的数值，信用保障额度作为信用保障交易订单的额度授予及先行垫付的限额。信用保障额度的评估主要的参考因素是供应商经营能力和资信状况，每个月 10 号进行更新。

主账号登录“My Alibaba”后，在“信用保障交易管理”板块单击“额度管理”按钮进行查看，“额度管理”页面如图 7-25 所示。

图 7-25 “额度管理”页面

2. 影响信用保障额度的因素

信用保障订单保障条款统一为保障收货后，保障金额是订单的实收金额。信用保障额度的评估基于阿里巴巴风险测算模型，参考系数较多，且会根据出口行业的变化和信用评估渠道的拓展而不断调整。

（1）供应商公司的基本情况，如工商认证信息、阿里巴巴合作年限、平台操作表现等。

（2）供应商的经营能力，目前参考贸易流水评估，包括以下几点。

① 通过信用保障订单产生的流水。

② 仅通过一达通完成出口的流水。

③ 平台通过可信认的途径获得企业自营出口数据。

（3）供应商的资信状况，目前参考阿里巴巴国际站违规处罚累计扣分。扣分会导致信用保障额度降低，超过一定分值或其他重大违规行为则无法使用该服务。

（4）其他风险因素，如企业和法人代表征信情况、纠纷处理等。

3. 信用保障额度

（1）信用保障额度提升。信用保障额度的提升是一个循序渐进的过程，无法通过单个行为或事件迅速提升，需要长期的积累。正常情况下，注重诚信经营的供应商可以通过额度评估机制获得相对较高的额度。

提升额度
加入企业诚信体系
您已加入企业诚信体系，加入次月额度更新时，您将获得额度奖励。提升诚信等级，有助于您获得更多额度。
查看企业诚信等级
成交信用保障订单
成功通关的订单金额，是累积信用保障额度的重要因素。
起草信用保障订单

图 7-26 提升额度的方式

阿里巴巴国际站有多种提升额度的方式，在额度管理页面卖家可以根据实际情况选择使用。提升额度的方式分为“加入企业诚信体系”和“成交信用保障订单”两种，如图 7-26 所示。

（2）信用保障额度冻结和解冻。信用保障订单生成后，只要有预付款到账就会立即冻结相应额度。

① 额度冻结时间。款项到账后冻结额度，若买家使用 T/T 支付，则挂账后冻结额度。

② 额度解冻时间。发货方式若选择阿里物流或一达通报关出口，则信用保障订单发货后即可解冻额度；发货方式若选择上传发货凭证发货，则信用保障订单收货后解冻额度。收货是指买家手动确认收货或系统自动确认收货，其中系统自动确认收货时间为空运或快递发货后 15 天、陆运发货后 30 天、海运发货后 45 天。

（二）信用保障订单的优势

1. 信用保障订单对卖家的好处

（1）凸显企业实力。集合买家最关心的卖家交易等级、交易金额及交易评价等信息多维度展示供应商实力。

（2）获得买家信任。卖家为获取商机，在沟通和下单全链路多场景中，告诉买家供应商能提供交易保障，帮助获得买家信任。

（3）获取更多商机。在买家最常访问的路径中，提供搜索流量加权和更多展示位及线上活动资源给交易保障的供应商。

2. 信用保障订单对买家的好处

（1）安全的在线全球贸易环境。若供应商未能符合订单合同条款，Trade Assurance 保证退款（包括交货延迟，质量和数量差异等），将风险降到最低。Trade Assurance 采用信用评级制度，激励供应商按照买家的合同要求，准时生产和交付高质量的商品。

（2）提供多种安全付款方式。安全的在线支付方式，包括 T/T、信用卡和 e-Checking。您的付款将受阿里巴巴反欺诈系统保护。

（3）免费保护每笔在线信用保障订单。免费保证买家的付款，免费保证产品质量，免费保证运输时效，免费保证到买家收货后 30 天内。

3. 卖家交易等级

交易等级（Transaction Level）是在阿里巴巴网站达成订单能力的评级，供应商在阿里巴巴国际站中每完成一笔订单，就可以获得相应的交易分，供应商的交易总分越高、等级越高，就会得到更多的买家青睐，同时也将会得到更多的网站权益。

交易等级：分为 10 个，等级用钻石的标志表示（1 ～ 5 钻），如图 7-27 所示。

信用保障订单和批发订单	交易分=订单统计金额
一达通订单	交易分=订单统计金额/10

订单交易分举例

时间	订单	订单金额（美元）	订单类型	交易分
2016.7.1	JG1234567	300	信用保障订单	300
2016.7.1	JG1234567	300	批发订单	300
2016.7.1	JG1234567	300	一达通订单	30

交易等级体系

	交易总分		交易总分
半钻	（0分–2,000分）	三钻	（100,000分–500,000分）
一钻	（2,000分–5,000分）	三钻半	（500,000分–3,000,000分）
一钻半	（5,000分–10,000分）	四钻	（3,000,000分–10,000,000分）
二钻	（10,000分–30,000分）	四钻半	（10,000,000分–50,000,000分）
二钻半	（30,000分–100,000分）	五钻	>50,000,000分

图 7-27　交易等级划分

项目八

物流服务

跨境电商外贸交易额不断增加，高质量的产品、高效的物流、良好的服务、优质的推广等都是跨境电商行业不可或缺的组成环节，其中物流更是广大卖家朋友广泛关注的对象。选择对的物流，意味着投入的成本降低，运期缩短，货物能够快速送达，买家也将获得良好的购物体验，这些都将给买卖双方带来可喜的收益。

【学习目标】

知识目标

1. 掌握国际物流概念和特点等基本知识；

2. 熟悉跨境物流模式；

3. 了解海陆空出口整体流程。

能力目标

1. 掌握阿里巴巴线上发货流程；

2. 了解知名国际快递及其运费的计算方式；

3. 掌握阿里巴巴自发货流程。

【项目概述】

对于出口跨境电商来说，在接到订单之后，首先需要考虑的问题是，应该选择什么样的物流方式才可以将货物安全地运送到海外客户手中，顺利完成这笔订单。这就需要供应商对国际物流有一定了解，该任务将会帮助读者更好地掌握国际物流相关知识，以及阿里巴巴平台该如何进行发货。

【项目分解】

该项目下将对国际物流相关知识进行讲解，主要是对信用保障交易过程中的物流板块进行实操学习，让初学者在起草完成物流订单之后，能够根据买家的不同需求，以卖家的身份进行不同方式的发货操作，让订单能够顺利进行到下一阶段。

任务一　物流选择及报价

一、查询报价

（一）四大国际商业快递及运费计算公式

1. UPS 快递

UPS 于 1907 年作为一家信使公司成立于美国，通过明确致力于支持全球商业的目标，UPS 如今已发展成为拥有 497 亿美元资产的大公司，其商标是世界上知名商标之一。

UPS 快递一般 2 ～ 4 个工作日可送达。

优点：速度快、服务好。货物可送达全球200多个国家和地区，美国本土一般48个小时能够到达；查询网站信息更新快，遇到问题解决及时；可以在线发货，全国109个城市提供上门取货服务。

缺点：运费较贵，要计算产品包装后的体积重，对托运物品的限制比较严格。

2. DHL快递

DHL是一家创立于美国，目前为德国与美国合资的速递货运公司，是目前世界上最大的航空速递货运公司之一。DHL是全球快递、洲际运输和航空货运的领导者，也是全球第一的海运和合同物流提供商。

DHL快递一般2～6个工作日可送达。

优点：速度快，送达欧洲一般需要3个工作日，送达东南亚一般需要2个工作日；可送达国家网点比较多，查询网站货物状态更新也比较及时，遇到问题解决速度快；21千克以上物品有单独的大货价格，部分地区大货价格比国际EMS还要便宜。

缺点：走小货的话，价格较贵不划算，也需要考虑产品体积重；对托运物品限制也比较严格，拒收许多特殊商品。

3. FedEx快递

FedEx（联邦快递）是一家国际性速递集团，提供隔夜快递、地面快递、重型货物运送、文件复印及物流服务，总部设于美国田纳西州。其品牌商标FedEx是由公司原来的英文名称Federal Express合并而成。

一般2～4个工作日可送达。

优点：到中南美洲和欧洲的价格较有竞争力，去其他地区运费较贵。网站信息更新快，网络覆盖全，查询响应快。

缺点：价格较贵，需要考虑产品体积重，对托运物品的限制也比较严格。

4. TNT快递

TNT快递为企业和个人提供快递和邮政服务。TNT集团总部位于荷兰，在欧洲和亚洲可提供高效的递送网络，且通过在全球范围内扩大运营分布来优化网络域名注册查询效能。

一般3～5个工作日可送达。

优点：速度较快，送达西欧需要3个工作日左右，可送达的国家比较多；查询网站信息更新快，遇到问题响应及时。

缺点：需要考虑产品体积重，对所运货物限制也比较多。

通用运费计算公式：总费用 =（运费 + 燃油附加费）× 折扣。

除了国际商业快递外，跨境电商常用的就是邮政小包了，对于小物件、价值低的货物可以考虑降低物流成本采用小包来发货。

（二）邮政小包

邮政小包又叫中国邮政航空小包，是中国邮政开展的一项国际、国内邮政小包服务，属于邮政航空小包的范畴，是一项经济实惠的国际快件服务项目，可寄达全球 230 多个国家和地区的各个邮政网点。

优势：

（1）价格实惠，中国邮政小包相对于其他运输方式（如 DHL、UPS、FedEx、TNT 等）来说有绝对的价格优势。

（2）邮寄方便，可以寄达全球各地，只要有邮局的地方都可以送到（极少数国家和地区除外）。

（3）中国邮政小包安全、掉包率低；挂号可全程跟踪。

（4）速度优势，包裹交邮局后当天可在中国邮政网查到包裹状态。

劣势：

一般以私人包裹方式出境，不便于海关统计，也无法享受正常的出口退税。

邮政小包的寄送要求：

（1）邮政小包重量限制：邮政小包限重 2 千克 (阿富汗除外)；

（2）邮政小包体积限制：非圆筒货物：长 + 宽 + 高 ≤ 90 厘米，单边最长为 60 厘米，最小尺寸单边长度 ≥ 17 厘米，宽度 ≥ 10 厘米。

资费计算：

挂号资费：费用总额 = 标准资费 × 实际重量 × 折扣 + 挂号费 8 元

平邮资费：费用总额 = 标准资费 × 实际重量 × 折扣

（三）查询物流方案

不同金额的信用保障订单，可选择的发货方式不同，具体如下。

（1）订单交易总金额 >5 000 美元的信用保障订单（2018 年 4 月 2 日由 3 000 美

元升级为 5 000 美元）。

一达通正式报关出口。

（2）订单交易总金额≤ 5 000 美元即小额信用保障订单（2018 年 4 月 2 日由 3 000 美元升级为 5 000 美元）

① 一达通正式报关出口。

② 阿里平台快递发货（阿里物流发货渠道发货）。

③ 自有线下物流发货（自有物流发货渠道发货）。

备注：订单交易总金额是订单总价，不是产品总价；买家通过单击一口价产品“Buy now”起草的信用保障订单均为非一达通报关出口，且无法修改出口方式。

关于发货时间，不同的报关出口方式和发货方式，系统统计的发货时间计算方式不同，如表 8-1 所示。

表 8-1　发货时间计算

出口方式	发货方式	发货时间计算
非一达通正式报关	阿里国际物流	快递：按取件时间（仓到门订单为快递到仓库取件时间）；海运：按重箱离港时间
	第三方物流（上传发货凭证）	1. 快递：若系统能识别到物流信息，则快递取件时间 = 发货时间；若系统未能识别取件信息，则以上传发货凭证时间为发货时间 2. 海运：若系统能识别到物流信息，则以重箱出港时间为准；如果系统未能识别取件信息，就会在 48 小时以后显示已发货，发货时间 = 上传发货凭证的时间 3. 陆运、空运：客户输入发货凭证，提交后即发货
一达通正式报关	一达通报关出口	所关联的一达通订单通关时间

下面着重介绍 5 000 美元以下的非一达通报关出口流程以及以阿里平台快递发货为代表的小额信用保障订单自发货流程。

学生在进行信用保障订单发货之前，需要先学习国际物流与跨境物流知识，了解信用保障订单线上发货流程、国际快递及运费计算公式，并完成《国际物流及报关》的作答任务。完成答题之后，通过查看错题分析，对知识点进行巩固。

进入实训中心，选择卖家账号，登录“My Alibaba”后台，在左侧业务菜单栏中选择“物流服务”，单击“查询报价并下单”按钮，进入“查询物流方案”页面，如图 8-1 所示。

图 8-1 “查询物流方案”页面

二、物流发货（线上发货）

在进行发货之前，学生需要下载素材包，在了解素材中买卖双方的背景资料后，根据项目七中的操作指导起草符合要求的信用保障订单，如图 8-2 所示，在该订单基础之上进行物流订单的起草。注意：起草信用保障订单时填写的买家邮箱应与项目二中注册认证的买家邮箱一致。

图 8-2 起草信用保障订单

信用保障订单创建完成之后，选择买家角色进入后台，找到对应订单进行模拟支付，如图 8-3 至图 8-5 所示。

图 8-3 买家订单页面

图 8-4 模拟支付

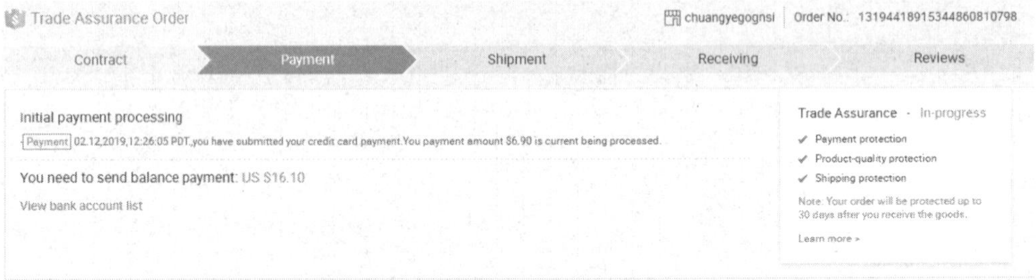

图 8-5 完成订单预付款支付

再次进入卖家后台，在卖家后台左侧菜单栏中选择“信用保障交易管理”，单击“所有订单”按钮，找到该订单，并在右侧“操作”项下选择“去发货”，进入“出口发货中心”页面，如图 8-6 所示。在该页面中单击“起草快递订单”按钮。

单击“起草快递订单”按钮之后，进入“快递订单”页面，如图 8-7 所示。根据素材包中给出的信息进行快递订单的起草，通过发货产品信息的填写，查询到与起草订单时所填运费一致的物流服务商。

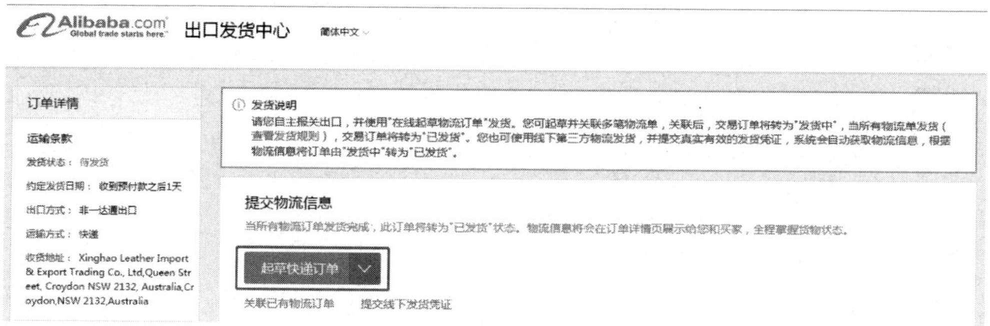

图 8-6 “出口发货中心”页面

图 8-7 “快递订单”页面

在下方匹配出来的物流预算中选择合适的服务商，单击“下单”按钮后，完成发货信息的填写并确认费用，所有信息按照素材包填写完成之后，提交物流订单。完善发货信息页面和订单完成页面如图 8-8 和图 8-9 所示。

物流订单起草完成之后，返回订单中心，这时可以查看到订单状态为“发货中”，如图 8-10 所示。

图 8-8　完善发货信息页面

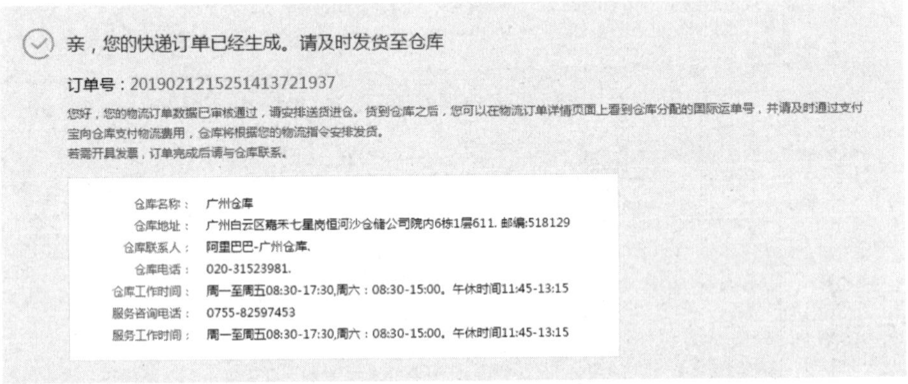

图 8-9　订单完成页面

图 8-10　订单状态——发货中

三、物流发货（自发货）

进入任务中心，先单击“下载素材包”按钮，查看相关背景资料；登录卖家后台，单击“My Alibaba”按钮，在卖家后台左侧菜单栏选择“信用保障交易管理”，按照素材包内容起草信用保障订单。

然后以买家的身份，进入阿里巴巴国际平台，选择“所有订单”，找到发送过来的待支付订单，完成模拟支付，操作与“线上发货”前几步相同，可参考物流发货（线上发货）步骤。

选择卖家身份，进入卖家后台，在卖家后台左侧菜单栏选择“信用保障交易管理”，单击“所有订单”按钮，找到该订单，并在右侧“操作”项下选择“去发货”，进入“出口发货信息”页面。在该页面下单击“提交线下发货凭证”按钮，如图 8-11 所示。

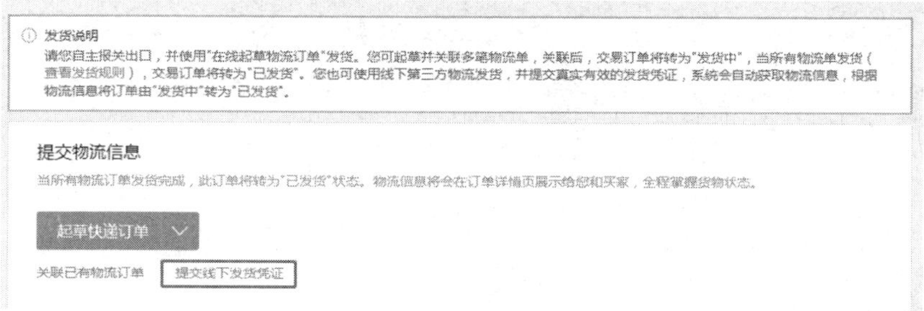
发货说明
请您自主报关出口，并使用"在线起草物流订单"发货。您可起草并关联多笔物流单，关联后，交易订单将转为"发货中"，当所有物流单发货（查看发货规则），交易订单将转为"已发货"。您也可使用线下第三方物流发货，并提交真实有效的发货凭证，系统会自动获取物流信息，根据物流信息将订单由"发货中"转为"已发货"。
提交物流信息
当所有物流订单发货完成，此订单将转为"已发货"状态。物流信息将会在订单详情页展示给您和买家，全程掌握货物状态。
起草快递订单
关联已有物流订单
提交线下发货凭证

图 8-11　提交线下发货凭证

在“提交线下发货凭证”弹出对话框中，根据素材包中提供的资料，填写对应信息并上传文件，单击“确定”按钮即完成该任务。“提交第三方凭证”对话框和物流订单提交完成页面如图 8-12 和图 8-13 所示。

提交第三方凭证
提交线下发货凭证
请输入正确的物流单号，系统将根据单号获取物流跟踪信息。
* 运输方式：
快递
* 物流承运商：
FedEx IP
* 物流单号：
请输入物流单号
* 物流凭证（运单）：
上传文件
请选择大小不超过5M的文件，最多5个（支持JPG,PNG,PDF,DOC）
确定
取消

图 8-12　“提交第三方凭证”对话框

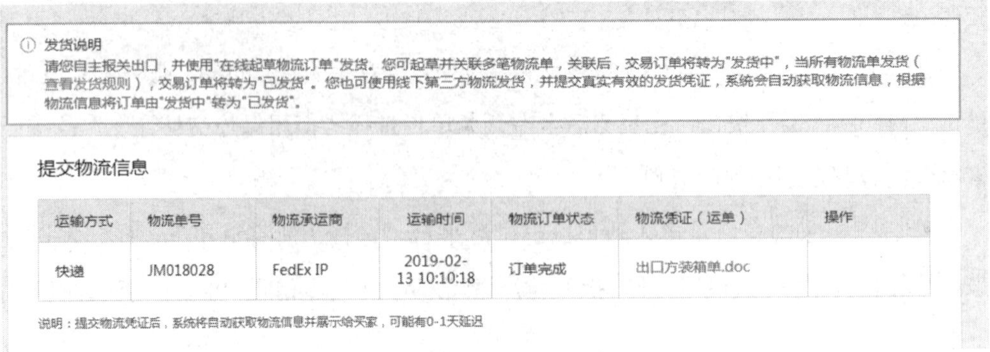

图 8-13 物流订单提交完成页面

四、订单管理

选择卖家身份登录后台，在左侧业务菜单栏目中选择“物流服务”，在“订单管理”中选择“空快订单”，在这里可以查看到最近起草的空运和快递订单。供应商可以在该页面通过订单号，或者筛选不同类型和订单状态，进行订单的查询，如图 8-14 所示。

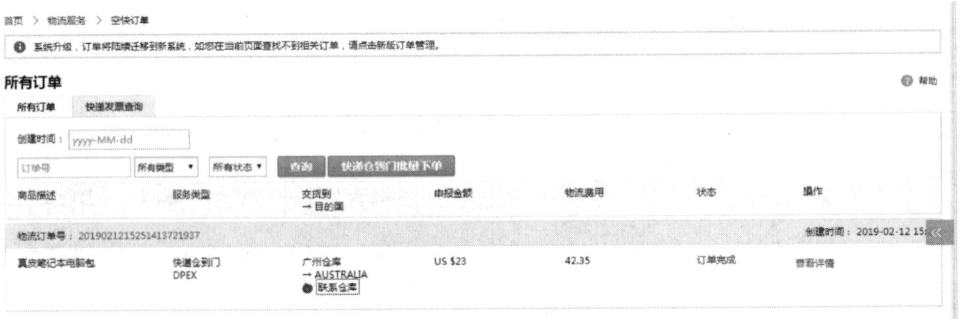

图 8-14 订单管理——空快订单

任务二 一达通

一、一达通简介

（一）一达通的概念及内涵

阿里巴巴一达通（Onetouch）是中国外贸服务创新模式的代表，也是全中国服务企业最多、地域最广的外贸综合服务平台。

阿里巴巴以集约化的方式，为外贸企业提供快捷、低成本的通关、外汇、退税及配套的物流、金融服务，以电子商务的手段，解决外贸企业的服务难题，这“一揽子”外贸服务解决方案即“一达通外贸综合服务”。

一达通出口综合服务，简称3+N，是指在一达通服务中，通关、外汇、退税三项基础服务需要同时使用。

一达通出口代理服务，简称2+N，是指外贸企业或其他出口企业受委托单位的委托，代办出口货物销售的一种出口业务。

（二）一达通客户准入

1. 出口综合服务（3+N）准入条件

（1）可签约合作的企业类型：非境外、个人或非出口综合服务尚未覆盖地区企业。

（2）出口产品在一达通可以出口的产品范围内。

（3）生产企业，即开票人、签约客户需要完成备案且符合以下资质：

① 企业注册地在浙江省和山东省的开票人要求为：生产型工厂，具有一般纳税人资格，一般纳税人认定时间大于等于6个月。

② 企业注册地在福建省的开票人要求为：生产型工厂，具有一般纳税人资格，一般纳税人认定时间大于等于1年。

③ 企业注册地在其他省份的开票人要求为：生产型工厂，具有一般纳税人资格，一般纳税人认定时间大于等于2年，且开票人注册地非内蒙古赤峰巴林右旗、福建莆田、天津武清区（武清区的自行车及其零配件、电动车及其零配件企业除外）。

④ 各地委外加工型供货企业均不能准入。注意，委托加工业务有以下两个特征：一是由委托方提供原料和主要材料；二是受委托方（加工工厂）只收取加工费和代垫部分辅助材料。

⑤ HS编码归入“中国HS编码清单”第61章的产品开票人，一般纳税人认定时间大于等于两年。

2. 出口代理服务（2+N）准入条件

（1）可签约合作的企业类型：非境外、个人企业、非福建莆田地区企业。

（2）企业具有《出口退（免）税资格认定》。《出口（退）免税资格认定》是企业在出口后可自行办理退免税申报的资格认定，一般可在供应商当地的税务机关大厅办理。

（3）出口产品在一达通可以出口的产品范围内。

注意：一达通出口代理服务（2+N）需要外贸企业代理其他企业出口后（除另有规定者外），在货物报关出口之日到次年 4 月 15 日前，凭出口货物报关单（出口退税专用）、代理出口协议，向直属税务分局综合管理科登记证明部门申请开具《代理出口货物证明》，并及时转给委托出口企业。出口企业未在规定期限内申请开具《代理出口货物证明》的出口货物，视同内销货物计提销项税额或征收增值税。

（三）一达通供货企业准入

3+N 出口综合服务只准入生产型企业作为供货企业，对供货企业的要求如下：

（1）供货企业注册地与实际生产地一致。

（2）供货企业需要有一般纳税人资质。

（3）已在税务完成新政备案。

（4）一般纳税人时间根据不同子公司有不同要求，具体如下：

① 深圳、天津、重庆、无锡、常州、广州、宁波、厦门、安徽、南京、北京、上海等一达通：禁止准入取得一般纳税人资格认定在两年以内的供货企业。

② 福建一达通：福建本地开票人一般纳税人资格认定只需要满一年，但累计下单金额不得超过 170 万美元；非福建本地开票人需要满足两年。

③ 山东一达通：山东本地供货企业一般纳税人认定只需要满半年，非山东本地供货企业需要满足两年要求。

二、一达通外贸综合服务流程

（一）通关

1. 一达通报关服务的主要流程

（1）当供应商有货物需要出口时，联系拍档告知需求。

（2）自行在下单系统自助下单或委托拍档对接人辅助。自助下单路径：“自助操作平台（MO 系统）”－“立即下单”－“选择套餐”－“确认”－“录入订单信息”－“提交订单”－“确认委托函”－“确认提交”。

（3）下单及出货信息核对后“提交订单”。

（4）按系统指引签署“出口服务委托函”。

（5）一达通安排通关（或下载报关资料安排自行报关）。

（6）通关放行（当自行报关部分由于口岸不匹配、信息不符等原因导致数据抓取不到时，需要供应商或供应商的拍档及时上传报关底单至订单系统）。

一达通基础订单通关流程如图 8-15 所示。

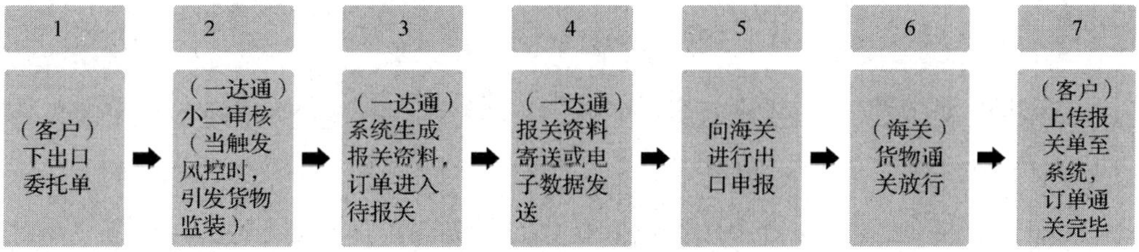
1
（客户）下出口委托单
2
（一达通）小二审核（当触发风控时，引发货物监装）
3
（一达通）系统生成报关资料，订单进入待报关
4
（一达通）报关资料寄送或电子数据发送
5
向海关进行出口申报
6
（海关）货物通关放行
7
（客户）上传报关单至系统，订单通关完毕

图 8-15　一达通基础订单通关流程

2. 出口报关的基本原则、注意事项

出口报关指的是发货人（或其代理）向海关申报出口货物的详细情况，海关据以审查，合格后放行，准予出口的过程。

通过一达通出口报关时，出口报关单的经营单位抬头是一达通，出口申报供应商可以选择一达通报关或者供应商自行报关。

（1）为了货物顺利报关出口，请遵循以下报关报检基本原则：

① 严格执行“先报检、后报关”的通关模式；

② 在报检、报关时，必须如实申报，并保证通关单和报关单相关申报内容一致；

③ 一份报关单只能填写一份通关单号码；

④ 通关单只能有效报关使用一次。

（2）代理出口委托书即报关资料上经营单位与生产销售单位之间的委托协议，开票人是生产销售单位的情况下，委托协议应为工厂抬头。

（二）外汇

一达通的外汇服务是帮助供应商完成出口收汇的国际结算业务。一达通会为供应商开设专属收汇账户，由银行进行资金监管，专款专用，安全放心，一达通设有美国银行（香港地区）、花旗银行、中国银行为结算网点，办理方便，时效性高。一达通免费为供应商办理托收交单，但银行环节产生的手续费 / 寄单快递费 / 拒单 /

拒付 / 换单等费用需要供应商自行缴纳。

1. 申请 / 查询外汇账号在“银行外汇子账户管理”中进行

（1）在准入时，拍档销售 / 阿里巴巴客户经理已帮供应商申请过子账号，待准入完成后，一达通将自动分配一个中国香港花旗银行子账户。

（2）子账户的申请及使用不收取任何费用，由一达通免费提供使用。

2. 到账外汇查询在“外汇列表”中查看

即期结汇是指外汇指定银行按当天结汇市场即期汇率买入企事业单位或个人的外汇，并支付相应人民币的业务。

一达通仅在法定工作日中（不包括调休的工作日）一天结汇两次，上午一次，下午一次，时间段内到的外汇按结汇时间点的中国银行即时挂牌汇率即时结汇。结汇时间表如表 8-2 所示。

表 8-2　结汇时间表

银行账户	外汇到账时间	结汇时间点
花旗银行（香港地区） 中国银行（香港地区） 美国银行（香港地区）	0:00–12:00	10:30
	12:00–24:00	15:30
中国银行（内地）、托收、信用证	0:00–12:00	10:30
	12:00–24:00	15:30

（三）退税

外汇高危及严格管制国家

退税是指国家按规定对纳税人已纳税款的退还，优惠退税是税收支出的一种形式，即国家为鼓励纳税人从事或扩大某种经济活动而给予的税款退还。一达通的退税服务，是指以一达通的名义帮助供应商快速、合规办理退税。退税款打到供货企业指定的对公账户。

一达通 3+N（出口综合服务）退税流程：

（1）关联外汇，所收外汇须与对应出口订单完成关联（外汇单单关联）。

（2）一达通系统自动做出开票资料，供应商可以下载开票资料及合同。

（3）供应商按照开票资料里的内容开票给一达通。

（4）报关完毕之后即可上传备案单证。

（5）若供应商的订单被税务局函调了，则会影响退税款的释放，需要等函调结束方能释放退税款；若供应商的订单未被函调，则无此流程。

（6）退税总额应在对应供货企业的当月可用垫付退税额度以内。

（7）新政订单需要完成备案且通过税务局下户核查。

项目小结

在本项目任务学习中，以阿里巴巴国际站信用保障订单交易流程为引导，主要讲述了国际快递发货的操作流程，通过了解国际站物流发货和一达通的基础内容，结合信用保障订单实训，让学生全方位掌握国际物流的基础知识，便于缩短交易环节耗费的时间，更快地完成交易。

名词解释

（1）门到门：阿里巴巴与国际知名快递服务商合作，在供应商完成线上下单并冻结运费后，快递服务商直接至供应商指定的地点上门取件，并由服务商将货物递送至指定的目的国收件人。目前已接入国际快递门到门服务的国际快递服务商有UPS、FedEx。

（2）仓到门：供应商在线查询价格，选择合适的物流方案下单之后，将货物发往指定仓库。供应商在线支付运费之后，由物流公司从仓库取件将货物运输给指定的买家。目前国际快递仓到门服务商有：FedEx、DHL、UPS、TNT、EMS、DPEX、JCEX。

知识链接

（一）国际物流常用方式

在国际贸易中，常见的物流方式有海运、空运（普通空运 + 国际快递）、陆运和多式联运。

1. 海运（海运整柜 + 拼箱）

海运的广义定义为一切与海有关的经营活动。但发展到目前，我们所提起海运，一般意义为海上的交通运输，如散杂货运输、集装箱运输等港到港的海上运输。

拼箱，全称为 LCL（Less than Container Load），是指货主托运的货物不足整箱的小票货，代理人（或承运人）将货物分类整理，把去同一目的地的货集中到一定数量拼装入箱。

整箱即整柜，全称为 FCL（Full Container Load），是指整箱的货物只有一个发货人运到目的港，相对来说比拼箱轻松。整柜是由发货人负责装箱、计数、记载并加以铅封的货运。整箱货的拆箱，一般由收货人办理。

拼箱有以下形式：

（1）一个发货人对应多个收货人；

（2）多个发货人对应一个收货人；

（3）多个收货人对应多个收货人。

整柜的形式：一个发货人对应一个收货人。

拼箱必须注意以下几点问题：

（1）拼箱货一般不能指定某具体船公司；

（2）拼箱提单一般是货代提单；

（3）拼箱货的计费问题。

2. 空运（普通空运＋国际快递）

空运是一种现代化的运输方式，它与海洋运输、陆地运输相比，具有运输速度快、货运质量高，且不受地面条件限制等优点。因此，空运最适宜运送急需物资、鲜活商品、精密仪器和贵重物品。空运一般又分为普通空运和国际快递。

（1）普通空运。当有相对较大的货物（比如 200 千克以上的货物，或者大体积货物）时，若使用国际快递则成本过大，但又需要尽快发送给买家，这个时候通过普通空运则更适合。

（2）国际快递。国际快递是国际快递公司上门取件，航空运输，送货上门的服务，比较适合于时效性高、货物体积小且尽量保证货物无损失的情况。目前最主流的国际快递公司有 UPS、FedEx、TNT、DHL 等。

3. 陆运

陆运指的是通过陆地方式，将货物运输到海外客户手中的运输方式。陆运的线路多种多样，一般陆运衔接后段的海运或者空运。

4. 多式联运

由两种及以上的交通工具相互衔接、转运而共同完成的运输过程统称为复合运输，我国习惯上称之为多式联运（Multimodal Transport）。《联合国国际货物多式联运公约》对国际多式联运所下的定义是按照国际多式联运合同，以至少两种不同的运输方式，由多式联运经营人把货物从一国境内接管地点运至另一国境内指定交付地点的货物运输。而中国《海商法》对于国内多式联运的规定是，必须包含海运方式。

（二）一拍档介绍

1. 一拍档

一拍档是外贸服务 2.0 时代的服务模式升级，是阿里巴巴一达通引入外贸生态链条上的各类第三方服务企业（如货代、外贸进出口代理、报关行、财税公司等）成为紧密合作伙伴，为具有出口服务需求的客户，提供本地化、贴身化、个性化、专业化的低成本出口流程服务。

（1）一拍档报名方式：可拨打电话 400-655-2688 进行咨询；点击链接“https://onetouch.alibaba.com”或单击“一拍档”-“申请入驻一拍档”进行报名。

（2）加入一拍档的条件（一拍档招商基础条件）。

① 营业执照满两年，企业注册资本≥ 50 万元人民币。

② 在工商、税务、海关、商检、外管等相关政府监管部门无重大违规及诚信事件，在当地无不良记录。

③ 拥有超过 5 人的独立一达通操作团队，其中一人须为风控责任人。

④ 强烈认同阿里巴巴的企业文化，奉行客户第一的服务理念，抱有真诚而长远的合作态度。

（3）成为一拍档的好处。

① 通过本地化服务，客户可获得订单服务利润等收益。

② 可整合一达通服务和自有服务，抱团作战，整合资源，与阿里巴巴客户经理共同开拓外贸市场。

③ 成为 Alibaba 官方认证的服务商，为市场背书，为供应商的长期发展助力。

签约协议：一拍档入驻时需在线上签署《合作协议》和《一拍档服务商合作告知函》。

一拍档服务客户收费：老客户，一达通与一拍档锁定价；新客户拍档自主定价，拍档收费视具体情况而定。

一拍档基本操作程序：一拍档可以为供应商提供外贸全流程服务，通关、物流、外汇、退税、金融等一条龙服务。

一拍档只允许开发本区客户，不允许跨区批量营销。

一拍档考核时间：一拍档考核参照所归属区域的考核规则，详情可以咨询各大区生态主管或运营专员。

（4）一拍档官方认证服务商主要体现。

阿里巴巴外贸服务市场里可以展示和发布一拍档的服务，后续可申请服务商店铺。

阿里巴巴只负责报关、收汇、退税环节，其他服务环节都由一拍档负责（物流、拖车、金融等）。也就是说，阿里巴巴利用自己的资金实力优势提供利益的实惠，一拍档利用自己本地化服务的优势提供贴身服务，双方互惠互利、合作共赢。

2. 如何寻找拍档服务

一达通操作方面的咨询及实际操作由一拍档承接。

若还未绑定拍档，供应商可以登录 MO 自助操作平台，选择“我的拍档”–“所有拍档”–“进行绑定”。

如果供应商已经绑定拍档，可以登录 MO 自助操作平台，选择“我的拍档”–“我的拍档”，来查询供应商的拍档的联系方式。

客户有代理操作需求，可登录外贸服务市场，选择一拍档类目后，挑选合适的一拍档。由于一拍档禁止跨区进行批量营销动作，建议客户选择当地服务商。

客户若对一拍档的服务不满意，可拨打 400 服务电话进行投诉，中供区域会调查判定及处理客户对一拍档服务商的投诉；若投诉成立，平台会对一拍档进行处罚。

索　　引

索引使用说明

A～Z（英文）

A～C

D～G

H ~ K

L ~ N

P～R

S～T

W～X

Y～Z

（王彦祥、张若舒 编制）